Dominique Plihon

La monnaie et ses mécanismes

Quatrième édition

Éditions La Découverte
9 *bis*, rue Abel-Hovelacque
75013 Paris

Catalogage Électre-Bibliographie

PLIHON, Dominique
La monnaie et ses mécanismes. – 4e éd. – Paris : La Découverte, 2004. – (Repères ; 295)
ISBN 2-7071-4340-5

Rameau :	économie monétaire politique monétaire monnaie
Dewey :	332.4 : Économie financière. Monnaie. Politique monétaire
Public concerné :	1er cycle-Prépas, DEUG. Public motivé

Introduction

La monnaie est l'un des instruments les plus utilisés dans notre vie quotidienne. En effet, dans une économie d'échange complexe et décentralisée comme la nôtre, la monnaie remplit une triple fonction de calcul économique, de paiement et de réserve de valeur.

La monnaie sert, en premier lieu, à évaluer le prix de tous les biens, c'est une *unité de compte* qui permet de mesurer la valeur de biens hétérogènes. Elle ramène les multiples évaluations possibles d'un bien en termes d'autres biens (prix réels ou relatifs) à une seule évaluation en monnaie (prix nominal ou absolu). L'utilisation de la monnaie permet une économie d'information et de calcul, grâce à la simplification du système de prix.

La monnaie est ensuite un bien directement échangeable contre tous les autres biens, un *instrument de paiement* qui permet d'acquérir n'importe quel bien ou service, y compris le travail humain. On dit qu'elle est un « équivalent général ». C'est, en effet, un instrument admis partout et par tout le monde, en toutes circonstances, et dont le simple transfert entraîne de façon définitive l'extinction des dettes. Nos économies sont monétaires dans la mesure où les produits ne s'échangent pas contre des produits, mais contre de la monnaie qui, à son tour, s'échange contre des produits. Cela suppose évidemment qu'il existe un consensus social et la croyance que l'on peut obtenir à tout moment n'importe quel bien en échange de monnaie. Cette confiance peut être renforcée par l'autorité de l'État et de la banque centrale qui oblige l'ensemble des acteurs économiques à accepter la monnaie en lui donnant un pouvoir libératoire et légal.

Le chapitre I présente les différentes formes prises par la monnaie dans sa fonction d'instrument de paiement, en montrant que, au terme d'une longue évolution historique, la monnaie créée par les banques — la *monnaie scripturale* — sous l'égide de la banque centrale est devenue l'instrument le plus utilisé. On montre également que les nouvelles technologies ont fait émerger de nouveaux instruments de circulation de la monnaie scripturale, tels que la *monnaie électronique*.

La monnaie, enfin, est une *réserve de valeur*, elle est une des formes de la richesse — un actif de patrimoine — qui présente la particularité de pouvoir à la fois être conservée et rester parfaitement *liquide*, c'est-à-dire de garder sa valeur et d'être immédiatement utilisable pour l'échange de biens et services. Le chapitre II étudie la place de la monnaie parmi l'ensemble des actifs susceptibles d'être détenus par les agents économiques dans le cadre de la gestion de leur patrimoine.

Le chapitre III s'intéresse à la circulation de la monnaie dans l'économie. La monnaie est d'abord créée par les banques, à l'occasion de leurs opérations de crédit, en réponse aux besoins de financement des agents déficitaires, les entreprises en particulier. Ces dernières utilisent cette monnaie pour payer les salaires. Les salariés ne dépensent pas immédiatement leurs encaisses monétaires. Car la monnaie permet de différer l'utilisation des ressources d'une période à l'autre, soit par précaution face à l'incertitude des ressources futures, soit parce que les formes alternatives de détention de richesse, et notamment les placements financiers, présentent un risque de variation de valeur. Ces comportements d'accumulation d'encaisses puis de dépense des encaisses monétaires se traduisent par une variation de *vitesse de circulation de la monnaie* et peuvent être source de déséquilibres entre production et demande de biens et services.

Le chapitre IV montre comment la place de la monnaie et des banques dans l'économie a été affectée par les transformations qui ont bouleversé le système financier français depuis les années quatre-vingt. Il décrit la montée en puissance des marchés financiers et les nouveaux comportements de placement et de financement des particuliers, des entreprises et de l'État. Le passage à l'euro et ses conséquences sont analysés.

Une autre mutation majeure est la *globalisation financière*, c'est-à-dire la création d'un marché planétaire des capitaux. Ce processus a entraîné une internationalisation des monnaies nationales qui circulent de plus en plus en dehors de leur espace d'émission. Le chapitre V décrit le développement explosif des marchés financiers internationaux et du marché des changes sur lequel les monnaies sont échangées entre elles. Il analyse les mécanismes qui commandent les relations entre les monnaies, fondés notamment sur l'évolution des prix et des taux d'intérêt. Sont également étudiées les transformations du système monétaire international induites par la globalisation financière et par l'émergence de l'euro comme monnaie internationale, concurrente directe du dollar.

Ces transformations affectent l'orientation et les modalités de la politique monétaire qui a dû renoncer aux interventions réglementaires (du type encadrement du crédit) pour une action beaucoup plus incertaine, visant à affecter les taux d'intérêt et les anticipations sur les marchés de capitaux. Le chapitre VI donne les éléments nécessaires à une bonne compréhension des objectifs et des instruments de la nouvelle politique monétaire, ainsi que des mécanismes par lesquels celle-ci affecte le fonctionnement de l'économie. On explique comment la politique monétaire a dû évoluer face aux mutations de son environnement liées à trois séries de facteurs : les innovations financières (par exemple les produits dérivés) ; la montée en puissance des marchés financiers internationaux, qui sanctionnent immédiatement les moindres erreurs de politique monétaire, et la création de l'euro qui a bouleversé le contexte dans lequel est menée la politique monétaire en Europe.

Pour conclure, on montre dans le chapitre VII que la monnaie n'est pas uniquement un instrument économique mais qu'elle a une dimension politique et sociale forte, comme le suggèrent les questions soulevées par la création de la monnaie unique européenne, et la mise en place de l'euro fiduciaire.

I / La monnaie, instrument de paiement

Au cours de l'Histoire la monnaie a pris des formes diverses (1). Suivant un processus de dématérialisation, les formes monétaires sont passées de la monnaie-marchandise à la monnaie virtuelle dans l'ère contemporaine. Actuellement, la monnaie est essentiellement scripturale, c'est-à-dire constituée d'avoirs matérialisés par une inscription dans les comptes bancaires ou postaux dont les principaux instruments de circulation sont les chèques et les cartes bancaires (2). Les banques ont le monopole de la création de monnaie scripturale tandis que la monnaie fiduciaire est émise par la banque centrale. Cette « monnaie centrale » représente près de 10 % du total des encaisses des agents non financiers (entreprises, ménages, administrations), principalement sous la forme de billets. La monnaie centrale joue un rôle important dans le système monétaire car elle est utilisée — sous forme de monnaie scripturale — dans les règlements interbancaires nécessités par les transferts effectués par les clients d'une banque à l'autre (3).

1. Évolution des formes de la monnaie

Les premières formes de monnaie seraient apparues cinq mille ans avant notre ère. Au départ, la monnaie a pris la forme de biens ayant une valeur intrinsèque : c'est la monnaie-marchandise. Si l'on met à part les monnaies primitives (coquillages, étoffes, ou bétail qui se disait *pecus* en latin, ce qui a donné le mot « pécuniaire »), les monnaies-marchandises ont été constituées, dès la plus haute Antiquité, par des métaux précieux. Par la suite, avec le développement des échanges, les signes monétaires ont pris des formes « nominales » : ce sont les billets et la monnaie scripturale qui n'ont pas de valeur intrinsèque, à la différence des espèces métalliques.

La monnaie métallique

La monnaie métallique a connu trois grandes étapes :
— la monnaie pesée : en Égypte, deux mille ans avant notre ère, la monnaie pesée apparut sous forme de lingots encombrants dont il fallait mesurer le poids au moment de chaque transaction ;
— la monnaie comptée : vers 800 avant Jésus-Christ, les lingots furent divisés en pièces, invention qui se généralisa sous l'Antiquité, en Grèce puis à Rome, ainsi qu'en Chine, en Inde et dans le monde islamique ;
— la monnaie frappée : les monnaies métalliques furent peu à peu frappées d'une inscription indiquant le poids de la pièce. La valeur de la pièce en unités de compte est fixée par son poids en métal. La fiabilité du système de paiement est garantie par la pérennité du métal.

L'objectif des systèmes monétaires métalliques est de garantir la stabilité de la monnaie contre l'arbitraire politique en imposant des règles concernant la définition et l'usage de celle-ci.

En France, la monnaie métallique a d'abord régné avec un régime bimétalliste or-argent, avant que ne triomphe l'or après 1870. Le système de l'*étalon-or*, qui a disparu à la suite de la guerre de 1914, présente trois caractéristiques :
— l'or circule sous forme de lingots et de pièces d'or qui ont un pouvoir libératoire illimité, c'est-à-dire que ces instruments métalliques étaient acceptés pour payer toutes les transactions ;
— les billets et la monnaie scripturale, dont l'usage se répand, sont convertibles en or auprès du système bancaire ;
— le franc, comme toutes les grandes monnaies (livre, dollar), est défini par un certain poids d'or, ce qui facilite les rapports de change entre monnaies. Ainsi, au XIXe siècle, le franc vaut 0,29 gramme d'or et la livre sterling 7,32 grammes d'or, ce qui

implique qu'une livre vaut 25,24 francs (7,32 / 0,29). L'or étant librement exportable, le cours de la livre en francs sur le marché des changes ne s'éloigne guère de cette parité officielle, puisqu'il est toujours possible d'effectuer les paiements en or, quitte à supporter les frais de transport et d'assurance dont le montant détermine les points d'entrée et de sortie de l'or (*gold points*). Ainsi, sans être la forme exclusive de la circulation monétaire, l'or est-il la base du système monétaire international.

L'abandon du rôle monétaire des pièces d'or fut décidé en France en 1914. Les pièces furent échangées contre des billets. La dernière référence à l'or est celle du franc « Poincaré » en 1928. La crise de 1929 et ses suites ont contraint l'ensemble des pays à abandonner toute convertibilité en or. L'or a continué de jouer un rôle monétaire à l'échelle internationale, la valeur du dollar étant définie au taux de 35 dollars l'once d'or (31 grammes) dans le cadre du régime de l'*étalon de change-or (gold exchange standard)* institué par les accords de Bretton Woods en 1944. Même si les banques centrales conservent de l'or dans leurs réserves de change, la démonétisation de l'or au niveau international est effective en 1976, lorsque toute référence à l'or est supprimée dans les statuts du Fonds monétaire international.

La monnaie de papier

La monnaie de papier — c'est-à-dire les billets — constitue une étape importante dans le processus de dématérialisation des signes monétaires. C'est un instrument monétaire dont la valeur faciale est dissociée de sa valeur intrinsèque, à la différence de la monnaie métallique. Il est accepté en vertu de la confiance accordée à son émetteur, d'où le nom de monnaie fiduciaire donné aux billets (*fiducia* veut dire confiance en latin).

Si la prééminence du billet apparaît après 1914, son développement a connu plusieurs étapes. Au départ, le billet est un certificat représentatif de métaux précieux, ces derniers étant laissés en dépôt dans les coffres des banques. Puis, dès le XVIIe siècle, les banques qui émettent les billets contre dépôt d'or comptent sur le fait que la totalité des porteurs ne réclameront pas ensemble leur conversion en or et émettent des billets « à découvert » à l'occasion de leurs opérations de crédits. Le volume des billets devient supérieur à l'encaisse métallique et les banques prennent un risque d'illiquidité.

Au début du XIXe siècle, deux thèses s'affrontent en Grande-Bretagne à propos des conditions de l'émission des billets :
— le *currency principle* (école de la circulation) : soucieux d'éviter une émission excessive de billets qui aurait engendré de l'inflation, les partisans de ce principe — dont Ricardo est le principal représentant — soutiennent que le montant des billets en circulation dans le public doit être réglé d'après celui de l'encaisse métallique de la banque émettrice ;
— le *banking principle* (école de la banque) : ses défenseurs, parmi lesquels Tooke et Thornton, se prononcent au contraire pour la liberté d'émission monétaire en fonction des besoins de l'économie, sous contrainte de convertibilité.

Le *currency principle* est appliqué en Grande-Bretagne : l'émission de billets par la Banque d'Angleterre qui obtient le monopole en 1844 doit être couverte à 100 % par une encaisse-or à l'exception d'une quantité limitée émise à découvert contre des bons du Trésor. La France, en revanche, applique le *banking principle*, c'est-à-dire la liberté d'émission à la condition d'être en mesure d'assurer à tout moment la convertibilité-or des billets émis. À partir de 1848, la Banque de France reçoit le monopole de l'émission de billets. Un plafond d'émission de billets est d'abord imposé à l'institut d'émission. Puis il est décidé que la Banque de France doit conserver une encaisse métallique au moins égale à 35 % de ses engagements à vue (billets et dépôts à vue au passif de son bilan).

Les porteurs de billets peuvent être tentés, en certaines circonstances graves se traduisant par une crise de confiance (troubles politiques, guerres), de réclamer le remboursement en or de la totalité des billets. Si la valeur des billets en circulation est supérieure à l'encaisse-or, il y a un risque de faillite de l'institut d'émission. Pour éviter un tel risque, l'État fait décider le « cours forcé » des billets, c'est-à-dire qu'il autorise l'institut d'émission à ne plus accepter la conversion des billets contre des espèces métalliques. De plus, les billets acquièrent un « cours légal » : la loi définit l'équivalent-or des billets et oblige les agents économiques à accepter les billets au même titre que les espèces métalliques.

Au départ, le cours forcé fut déclaré en France au moment des périodes de trouble, en 1848 et en 1914. Puis, le cours légal a été définitivement adopté en 1939 par un décret-loi qui a supprimé toute règle de pourcentage de couverture des billets par l'encaisse-or de la Banque de France. L'émission de billets dépend désormais de la demande des agents économiques et de la politique monétaire.

Dans cette ultime étape de l'évolution de la monnaie de papier, le billet ne tire plus sa valeur de sa convertibilité en or mais de son pouvoir libératoire imposé et garanti par les autorités monétaires.

La monnaie scripturale

La monnaie scripturale est ainsi dénommée parce qu'elle est inscrite sur les livres des établissements émetteurs, essentiellement les banques. Historiquement, les formes initiales de monnaie scripturale sont apparues avec les premières banques, donc bien avant les billets de banque dont l'invention ne date que du XVIIe siècle, comme on vient de le voir. Mais ce n'est qu'à une période récente que s'est effectuée la diffusion de la monnaie scripturale dans le public, sous forme de virements de compte à compte, en même temps que se développent et se diversifient les échanges.

Les Grecs et les Romains connaissaient déjà les virements entre comptes, de même que les Arabes qui les utilisaient au IXe siècle. Leur véritable développement date du XVIIIe siècle grâce aux marchands italiens et flamands. Au début, il s'agit de virements effectués à partir de comptes courants de marchands tenus par les banquiers changeurs. Les règlements se faisaient comme aujourd'hui par débits et crédits de compte. Des transferts pouvaient s'opérer entre banques qui réalisaient des opérations de compensation entre elles (définition p. 23). Ainsi étaient effectués par écriture sur une vaste échelle des règlements dont le montant dépassait ceux réalisés en pièces métalliques dès les XIVe et XVe siècles.

Une innovation importante a été la *lettre de change* ou traite, apparue au XIVe siècle, qui a joué un rôle important dans les règlements à distance des échanges commerciaux. Reconnaissance de dette entre négociants, la lettre de change est un instrument de crédit, largement utilisé à l'échelle internationale pour des opérations impliquant un échange entre des monnaies, d'où le nom qui lui a été donné. Par exemple, un marchand lyonnais reçoit d'un marchand-banquier italien 1 000 ducas à rembourser dans trois mois. Pour obtenir son prêt, le marchand lyonnais enjoint l'un de ses clients hollandais qu'il a fourni en soieries de payer, dans un délai de trois mois, 100 000 deniers. L'ordre, par lequel le marchand lyonnais demande à son confrère hollandais de payer les 100 000 deniers, est matérialisé par une lettre de change. Cette lettre est signée par le marchand lyonnais (le *preneur*), puis remise par celui-ci au marchand-banquier italien (le *donneur*) qui la fait parvenir à son correspondant d'Amsterdam (le *bénéficiaire*) pour qu'il la présente à l'échéance au marchand hollandais (le *payeur*). Cette opération donne lieu à un crédit et à un échange entre monnaies réalisés par le banquier moyennant rémunération (exemple donné par Marchal et Poulon [1987]). La lettre de change est l'ancêtre des techniques ultérieures plus sophistiquées, dont le chèque bancaire, et qui fonctionnent sur le même principe (voir p. 14).

La généralisation de ces techniques, notamment dans le cadre des foires, va donner naissance à de vastes systèmes de compensation multilatérale dans lesquels des intermédiaires spécialisés — les banquiers — vont s'interposer pour centraliser les lettres de change, évaluer la qualité de celles-ci, et effectuer les opérations de change lorsque celles-ci sont libellées dans des monnaies différentes. Se mettent ainsi en place les premiers systèmes de paiement centralisés qui préfigurent les systèmes de paiement modernes.

L'*escompte*, apparu à partir du XVIIIe siècle, va donner une nouvelle dimension à l'activité des banques. En pratiquant l'escompte, la banque achète une traite à son client et lui remet en échange des billets ou des espèces ; la banque fait ainsi du crédit. Cette opération nécessite que la banque détienne des liquidités en réserve, ce qui sera le point de départ d'une autre activité des banques, celle de collecter des dépôts auprès du public. On peut ainsi considérer que les techniques d'escompte sont à l'origine des opérations d'intermédiation bancaire traditionnelles, qui sont de collecter des dépôts, d'effectuer des crédits, et de gérer les moyens de paiement [Plihon, 1999b].

2. Les moyens de paiement actuels : prédominance de la monnaie scripturale

En France, M1 était composée en 2004 par de la monnaie manuelle (billets et pièces) à hauteur de 10 %, et pour une proportion beaucoup plus importante (près de 90 %) par de la monnaie scripturale, c'est-à-dire par les dépôts à vue dont la part n'a cessé de croître (*tableau 1*).

Les *billets*, traditionnellement dénommés *monnaie fiduciaire*, sont émis par la banque centrale, institut d'émission qui en possède le monopole. Ces billets ont à la fois « cours légal » — ils ne peuvent être refusés comme moyens de paiement — et « cours forcé » — ils sont inconvertibles en or. Le montant global des billets émis figure au passif du bilan de la banque centrale. Dans le cadre de l'union monétaire européenne, les billets en euro seront enregistrés, à partir de janvier 2002, au bilan consolidé du système européen des banques centrales (SEBC) ; leur mise en circulation sera assurée par les banques centrales nationales (*cf. encadré* p. 92).

TABLEAU 1. — COMPOSITION DES MOYENS DE PAIEMENT (M1) EN FRANCE

En %	*1960*	*1970*	*1980*	*1990*	*2000*	*2004 (a)*
Monnaies divisionnaires (pièces)	1,2	1,1	1,2	1,0	0,8	—
Billets (monnaie fiduciaire)	41,0	31,6	20,0	14,0	11,8	10,0 (b)
Dépôts à vue (monnaie scripturale)	57,8	67,3	78,8	85,0	87,4	90,0
Total	100	100	100	100	100	100

(a) Estimation de l'auteur.

(b) Monnaies divisionnaires et fiduciaires confondues pour 2004.

Source : Banque de France.

Les *pièces*, ou *monnaies divisionnaires*, sont émises par le Trésor, fabriquées par l'administration des Monnaies et Médailles, mais mises en circulation par la Banque de France en fonction des besoins.

La monnaie scripturale est constituée par les dépôts à vue et les comptes créditeurs que les agents non financiers (ANF) possèdent dans les établissements de crédit et aux centres de chèques postaux (CCP), et qui permettent d'effectuer des paiements grâce aux instruments qui seront décrits au paragraphe suivant. Toutes les entreprises sont titulaires de comptes bancaires. La quasi-totalité des particuliers dispose d'un compte bancaire ou postal. Cette forte « bancarisation » a été favorisée par la loi qui impose le règlement en monnaie scripturale pour des raisons de contrôle fiscal et de lutte contre le blanchiment des capitaux. De même en est-il de la reconnaissance du « droit au compte » — qui n'est pas assimilable à un droit au carnet de chèques — dans un établissement bancaire de son choix pour toute personne physique résidant en France. Le développement rapide de la monnaie scripturale, dont la part dans les moyens de paiement est passée de 58 % à 90 % de 1960 à 2004 (*tableau 1*), s'explique également par des qualités de commodité — les règlements par jeux d'écriture évitant les déplacements — et de sécurité puisque la preuve du paiement apparaît dans la comptabilité des organismes gestionnaires des comptes.

La monnaie scripturale figure au passif du bilan des établissements habilités à gérer celle-ci. En France, ce privilège de gestion des dépôts à vue transférables est actuellement réservé à cinq groupes d'institutions financières : les banques, les CCP, les caisses d'épargne depuis 1978, le Trésor public et la Banque de France. Dans la réalité, la plus grande partie de la

TABLEAU 2. — RÉPARTITION DE LA MONNAIE SCRIPTURALE PAR RÉSEAUX GESTIONNAIRES

En %	*1980*	*1990*	*2000*	*2002*
Banques	64,8	66,4	70,6	70,4
La Poste	13,7	11,4	8,9	8,7
Caisses d'épargne	0,6	2,7	4,5	6,4
Trésor public	9,7	9,5	11,5	13,0
Autres (dont Banque de France)	11,2	9,9	4,5	1,5
Total	100	100	100	100

Source : Banque de France.

monnaie scripturale est gérée par le Trésor public (environ 13 % en 2002), les centres de chèques postaux (9 %) et, surtout, les banques (70 %) (*tableau* 2).

Instruments de circulation de la monnaie scripturale

Il faut soigneusement distinguer la monnaie scripturale, c'est-à-dire la provision d'un compte, et les instruments qui permettent de la faire circuler. Le rôle de ces instruments est de matérialiser l'ordre, donné par le débiteur au gestionnaire de son compte, de verser une somme déterminée à lui-même ou à un tiers. Le développement de ces instruments s'est déroulé en trois étapes, qui correspondent à un processus de dématérialisation progressive des supports utilisés : ce sont les *instruments papier*, puis les *instruments automatisés* et enfin la *monnaie électronique* qui n'en est qu'à ses débuts.

• *Les instruments « papier »* prennent quatre formes :
— le *chèque bancaire* est un ordre adressé par le titulaire d'un compte dans une banque, ou dans un autre établissement habilité à gérer de la monnaie scripturale, de payer immédiatement au porteur du chèque la somme inscrite sur celui-ci. Ce dernier transmettra le chèque, qu'il aura barré et endossé (signé), à sa propre banque ou, plus rarement, en touchera le montant en billets au guichet de la banque du payeur (chèque non barré) ;
— le *titre interbancaire de paiement (TIP)*, ou avis de prélèvement, est un formulaire comportant le montant et les références du paiement ainsi que le numéro de compte et le code de la banque du débiteur. Ce dernier n'a plus qu'à signer et à retourner le titre à son créancier qui l'enverra à l'encaissement. Cet instrument est largement utilisé pour le règlement des factures EDF, Trésor et assurances ;
— le *virement bancaire* consiste en une écriture comptable débitant le compte d'un client pour créditer le compte d'un autre client. Ce système est plus souple que le chèque : un ordre de virement peut être donné par télex, fax ou Minitel ;
— les *effets de commerce*, titres de crédit interentreprises qui fonctionnent sur les mêmes principes que la lettre de change déjà citée (p. 10), sont également un moyen de faire circuler la monnaie scripturale.

Le coût de traitement des instruments papier est très élevé (le coût unitaire de traitement des chèques est de l'ordre de 0,45 à 0,75 euro) ; il représente une part importante des frais d'exploitation des banques. Aussi, ces dernières ont-elles cherché à développer de nouveaux instruments moins coûteux grâce une automatisation poussée.

• Les *instruments automatisés* sont la LCR, le virement et le prélèvement automatisés, et la carte bancaire :
— la *lettre de change relevé* (LCR) est l'enregistrement des effets de commerce sur support magnétique pour leur traitement sur ordinateur ;
— le *virement automatisé* est un ordre permanent donné à la banque soit d'avoir à payer à un tiers un montant donné à une date fixe (salaires, loyer...), soit de virer d'un compte à vue sur un compte à terme producteur d'intérêts des fonds au-delà d'un certain montant ;
— le *prélèvement automatique* est l'autorisation permanente donnée à la banque d'honorer des factures présentées par un agent désigné par le titulaire du compte. Cet instrument est utilisé, en concurrence avec le TIP, pour le paiement des factures EDF, téléphone, Trésor ;
— la *carte bancaire* est le plus connu des instruments destinés à faire circuler la monnaie scripturale sans support papier. En France, à la différence de ce qui se passe à l'étranger, un seul type de carte bancaire (la carte bleue) est valable sur l'ensemble du réseau bancaire et remplit simultanément trois fonctions. C'est d'abord un instrument de paiement permettant d'effectuer les paiements chez les commerçants affiliés au réseau. La carte bleue est ensuite un instrument de retrait des billets dans les distributeurs automatiques de billets (DAB), ce qui contribue à accroître la substituabilité entre monnaie scripturale et monnaie fiduciaire. La carte bancaire peut constituer, en troisième lieu, un instrument de crédit qui donne à son titulaire la possibilité d'effectuer des achats à paiement différé.

La France est, après les États-Unis, le pays qui bénéficie du plus fort taux d'utilisation des moyens scripturaux par habitant. De 1985 à 2003, le nombre d'opérations scripturales a plus que doublé, passant de 4,6 à 10,5 milliards d'opérations (*tableau 3*).

On s'attend à ce que cette progression se poursuive dans les prochaines années.

La structure des moyens de paiement scripturaux se transforme profondément au cours du temps. Jusqu'au début des années deux mille, le chèque était le moyen de paiement le plus utilisé en France, à la différence d'autres pays, comme la Suisse ou l'Allemagne. Mais, au cours de la dernière décennie, le paiement par carte bancaire a fortement progressé, cet instrument étant plus efficace et moins coûteux pour les banques. Pour la première fois en 2003, la proportion des opérations effectuées par carte bancaire (34,4 %) a dépassé la part qui revient aux chèques (32,6 %) (*tableau 3*).

Ce succès du chèque en France s'explique par une série de facteurs, parmi lesquels sa gratuité, imposée par un décret-loi de 1935 et pérennisée par les décrets Debré de 1967 qui imposaient simultanément la non-rémunération des dépôts à vue. Cette doctrine du « ni, ni », spécifique à la France, est remise en cause dans le contexte du marché unique européen.

TABLEAU 3. — ÉVOLUTION DES PAIEMENTS EN MONNAIE SCRIPTURALE

Échanges interbancaires officiels (en millions d'opérations)

	1985		*1990*		*2000*		*2003*	
		%		%		%		%
Chèques	3 414	73,8	3 750	58,7	3 762	38,4	3 647	32,6
Virements interbancaires	559	12,0	803	12,6	1 481	15,6	1 681	15,8
Effets de commerce/LCR	122	2,6	150	2,3	117	1,2	107	1,0
Avis de prélèvement/TIP	337	7,3	560	8,8	1 462	15,4	1 727	16,2
Cartes bancaires	194	4,1	1 128	17,6	2 782	29,3	3 660	34,4
Total	4 626	100	6 391	100	9 604	100	10 504	100

Source : Banque de France.

• La *monnaie électronique* ou *monétique* constitue la troisième vague d'innovations en matière d'instruments de paiement scripturaux. La monnaie électronique peut être définie comme l'ensemble des techniques informatiques, magnétiques, électroniques et télématiques permettant l'échange de fonds sans support de papier. L'avènement de la monnaie électronique va de pair avec l'utilisation des nouvelles technologies de l'information et de la communication (NTIC). Le concept de monnaie électronique est apparu avec la technologie de la carte à microcircuit et son utilisation dans des projets de cartes prépayées multiprestataires. Plus récemment, les nouvelles perspectives offertes par des réseaux ouverts de type *Internet* ont élargi les potentialités de développement de la monnaie électronique qui prend deux formes principales :

— le *porte-monnaie électronique* (PME), qui repose sur l'utilisation du microprocesseur d'une carte, sur lequel sont enregistrés des signes électroniques représentant un pouvoir d'achat transférable à un nombre élevé de bénéficiaires potentiels ;

— le *porte-monnaie virtuel* (PMV), pour lequel ces mêmes signes électroniques sont stockés dans la mémoire d'un ordinateur et permettent d'effectuer des transactions à distance, en utilisant les réseaux de télécommunications du type Internet.

Dans la plupart des pays européens, des formules de porte-monnaie électronique ont été mises en place au cours des années quatre-vingt-dix. Le premier projet français est Monéo qui réunit les principaux établissements bancaires. Monéo permet de charger 100 euros sur une carte à puce à partir d'une borne et de payer des dépenses de 1 centime à 30 euros. Son utilisation devrait se généraliser auprès des commerces, des autoroutes et des transports collectifs.

La monnaie électronique est appelée à se développer rapidement, ce qui pourrait avoir d'importantes implications sur le métier de banquier et transformer les relations entre la banque et sa clientèle. En effet, l'extension de la monétique devrait se traduire à terme par une disparition progressive des chèques, dont le traitement est très coûteux pour les banques, et par une réduction de l'usage des règlements en espèces (billets et pièces). Dans un futur peut-être assez proche, les particuliers seront en mesure d'acquitter la plupart de leurs transactions sur simple présentation de carte à puce, l'opération de débit étant transmise en *temps réel* par un terminal placé chez les commerçants à la banque gestionnaire du compte. Ce qui donne à la monétique un caractère de liquidité parfaite (au sens de la disponibilité immédiate).

3. Le processus de création monétaire

La monnaie contemporaine est principalement scripturale et émise par les banques, comme on vient de le voir. Il est donc important de préciser par quels mécanismes les banques créent de la monnaie et participent à la croissance de la masse monétaire.

La monnaie scripturale correspond aux dépôts à vue (DAV), inscrits au passif des banques et détenus par les agents non bancaires. La monnaie scripturale circule par l'intermédiaire des différents instruments qui en permettent la circulation (chèques, cartes bancaires). Le dépôt est la provision d'un compte, celui-ci pouvant être alimenté soit par une remise de billets, soit par un virement d'un autre compte, soit grâce à un crédit accordé par la banque. Ce dernier procédé est celui qui provoque l'augmentation de la masse de monnaie en circulation.

Dans un système de banque unique

Supposons, pour simplifier, que le système bancaire soit composé d'une seule banque, et qu'il n'existe donc pas de problèmes de conversion d'une monnaie dans une autre. Cette hypothèse sera levée au paragraphe suivant. Prenons le cas d'une entreprise qui emprunte auprès de sa banque. Le mécanisme de la création monétaire se réalise par un accroissement simultané de l'actif et du passif de l'établissement bancaire concerné, illustré par le schéma ci-après :

(actif) **Banque**	(passif)
Crédit + 100	DAV + 100

(actif) **Entreprise**	(passif)
Avoir à la banque + 100	Dette + 100

La monnaie créée se concrétise par une inscription au compte (DAV, pour dépôts à vue) du client emprunteur qui figure au passif du bilan bancaire ; la contrepartie est inscrite à l'actif à un poste créance sur le client. Le remboursement du crédit aboutira, de façon symétrique, à une destruction de monnaie en diminuant à la fois l'actif et le passif du bilan bancaire. La masse monétaire — constituée essentiellement par la monnaie scripturale — s'accroît lorsque les flux de remboursements sont inférieurs aux flux des crédits nouveaux, de la même manière que le niveau d'une piscine s'élève lorsque le flux d'écoulement est inférieur au flux de remplissage.

Tous les crédits ne donnent pas nécessairement lieu à de la création monétaire : c'est le cas d'un crédit « interentreprises », pour lequel le financement s'opère par prélèvement sur ressources existantes. De même en est-il de certains établissements qui ouvrent des comptes à leurs clients — les services financiers de La Poste par exemple — mais ne peuvent financer ceux-ci qu'en drainant une épargne préexistante. Les banques commerciales collectent également de l'épargne ; la part des crédits financés sur épargne ne participe pas, par définition, à la création de monnaie.

La création monétaire ne résulte pas uniquement des opérations de crédit. Par exemple, lorsqu'un exportateur apporte à sa banque des devises étrangères et demande des euros en échange, le compte du client est crédité, selon les écritures ci-après :

Banque	
Devises + 100	DAV + 100

Exportateurs	
Avoirs en devises – 100 Avoirs en euros + 100	

La banque a réalisé une opération de création monétaire ; la masse monétaire en euros augmente. Dans ce cas, l'accroissement de la masse monétaire a pour contrepartie une augmentation des créances du système bancaire sur l'extérieur, ce qui sera analysé plus loin au chapitre III (p. 45).

Dans un système bancaire diversifié

Dans la réalité, le système bancaire est composé d'une multiplicité d'établissements et de plusieurs formes de monnaies. Cette diversité tient, en premier lieu, à la coexistence de monnaie scripturale et de monnaie fiduciaire. L'émission de billets est le monopole de la banque centrale, souvent qualifiée pour cette raison d'« institut d'émission ». Les banques, de leur côté, ont le monopole de la création de monnaie scripturale. Ce privilège n'est accordé qu'aux établissements qui ont reçu un « agrément » des autorités monétaires pour la mise à disposition de la clientèle des moyens de paiement.

Ce pouvoir de création monétaire des banques n'est pas illimité ; il est contraint par les « fuites » de liquidité subies par les banques lorsqu'elles doivent assurer la conversion de leur monnaie dans une autre forme de monnaie. Ainsi, les banques doivent répondre aux demandes de retrait de billets et assurer la conversion de monnaie scripturale en billets.

Supposons qu'une banque crée de la monnaie scripturale à hauteur de 100 euros à la suite d'un crédit accordé à un particulier (1). Ce dernier décide ensuite (2) de convertir ses avoirs en billets pour un montant de 30 euros. La banque subit une « fuite » de 30 euros correspondant aux billets qu'elle doit se procurer auprès de la banque centrale. Son compte à la banque centrale est débité d'autant, selon les écritures ci-dessous :

Banque	
1. Crédit + 100	DAV + 100
2. Compte à la banque centrale – 30	DAV – 30

Particulier	
1. Avoir à la banque + 100	Dette + 100
2. Avoir à la banque – 30 Billets + 30	

Banque centrale	
	Billets + 30 Compte de la banque – 30

À la suite de ces opérations, la création de monnaie scripturale, inscrite au passif de la banque, est limitée à 70 euros.

Toutefois, la masse monétaire dans son ensemble (billets et dépôts à vue) a augmenté de 100 euros.

La diversité des systèmes bancaires modernes provient également de la multiplicité des banques. Chaque banque émet sa propre monnaie (la monnaie « Crédit lyonnais », la monnaie « Crédit agricole »...) et toute banque est tenue d'assurer la conversion de « sa » monnaie dans celle des autres. Cette conversion entre les monnaies émises par les différentes banques constitue une autre forme de « fuite » pour chaque banque qui vient limiter son pouvoir de création monétaire.

Supposons que le Crédit lyonnais crée 100 euros à la suite d'un crédit accordé à l'entreprise Renault (1) et que cette dernière utilise ce crédit à hauteur de 50 euros pour payer son fournisseur Michelin (2). Michelin est client du Crédit agricole qui reçoit ces 50 euros en dépôt. Le Crédit lyonnais subit une « fuite » de 50 euros qu'il finance par un emprunt « interbancaire » auprès du Crédit agricole selon les écritures suivantes :

Crédit lyonnais	
1. Crédit + 100	DAV + 100
2.	DAV – 50
	Dette envers CA + 50

Crédit agricole	
2. Crédit au CL + 50	DAV de Michelin + 50

Renault	
1. Avoir au CL + 100	Dette + 100
2. Avoir au CL – 50	

Michelin	
2. Avoir au CA + 50	

Au total, la création de monnaie « Crédit lyonnais » a été limitée à 50 euros par suite de la conversion de cette monnaie dans celle du Crédit agricole. Mais la création monétaire globale, au niveau de l'ensemble du système bancaire, s'est élevée à 100 euros. Celle-ci est répartie entre les deux réseaux bancaires.

Le pouvoir de création monétaire d'une banque dépend de l'importance du *circuit monétaire* géré par celle-ci [Béziade, 1989]. Un circuit monétaire est constitué par l'aire de circulation d'une monnaie dans laquelle ne se pose pas de problème de conversion ou de transfert. Ainsi en est-il lorsque la monnaie scripturale circule dans les comptes d'une même banque ; en ce cas, il s'agit d'une simple question de passation d'écritures : la banque débite le compte du « tireur » et crédite celui du bénéficiaire, comme dans le cas d'un système de banque unique analysé précédemment. En revanche, lorsque les règlements concernent des établissements différents, ceux-ci doivent être en mesure d'assurer la conversion en monnaies d'autres circuits. Les transferts d'un réseau à l'autre constituent des « fuites » qui posent aux émetteurs de monnaie un problème de liquidité, qu'ils pourront satisfaire en empruntant soit auprès de la banque centrale, soit auprès d'autres établissements de crédit (sur le marché interbancaire), comme dans l'exemple précédent.

La masse considérable de règlements qui transitent entre les banques repose sur une organisation de plus en plus complexe — appelée *système de paiement* — afin de satisfaire les exigences d'efficacité et de sécurité. Les innovations technologiques récentes dans le domaine du traitement et de la circulation de l'information ont permis d'importants progrès. La question de la gestion des systèmes de paiement est devenue un enjeu central pour le fonctionnement des systèmes bancaires et financiers modernes.

Le système de paiement français s'articule autour de deux circuits empruntés par les moyens de paiement pour apurer les opérations de règlement : d'une part, le *circuit des opérations de masse* de petits montants (chèques, cartes bancaires, virements-prélèvements...) et, d'autre part, le *circuit des gros montants* (virements de trésorerie, règlements contre livraison de titres, marché monétaire et de change...).

Ces deux circuits ont des caractéristiques très différentes : au milieu des années quatre-vingt-dix, le circuit des opérations de masse traite près de 9 milliards d'opérations par an pour un montant global de 400 milliards de francs par jour, tandis que le circuit des gros montants traite 9 millions d'opérations pour un montant de 1 200 milliards par jour.

L'une des fonctions majeures des systèmes de paiement est d'assurer les opérations de compensation, c'est-à-dire de solder les créances et les dettes entre établissements. Une part croissante de la compensation est automatisée. Pour les opérations de masse, on a créé en 1994 le système interbancaire de télécompensation (SIT). Les opérations de gros montants sont traitées par plusieurs systèmes, dont le système net protégé (SNP), mis en place en 1997, et le système RELIT (règlement-livraison titres) à grande vitesse, opérationnel depuis 1998 pour la compensation des opérations sur titres.

La monnaie « centrale » et le rôle de la banque centrale

La banque centrale émet deux types de monnaies : les billets pour lesquels elle a un monopole, et de la monnaie scripturale qui circule essentiellement entre les intermédiaires financiers. Tous les établissements de crédit, ainsi que le Trésor public dont la banque centrale gère les disponibilités, ont obligation de détenir un compte courant à la banque centrale qui leur permet de régler entre eux leurs dettes. C'est par l'intermédiaire de ce compte que s'effectuent les opérations de « compensation » entre banques présentées plus haut.

De plus, la banque centrale gère les réserves de change du pays : les banques s'adressent à elle pour acheter ou vendre des devises étrangères lorsqu'elles ne peuvent équilibrer ces opérations entre elles sur le marché des changes. Ce rôle de « banque des banques » donne à sa monnaie — la *monnaie centrale* — une importance capitale dans la réalisation de l'unité du système monétaire. La banque centrale a une fonction de « bouclage » de la liquidité du système monétaire : elle alimente ce dernier en liquidité et utilise cette fonction pour influencer le processus de création monétaire d'après ses objectifs de politique monétaire (voir p. 91). En cas de difficultés, lorsqu'il y a un risque grave d'insuffisance de liquidité dans le système de paiement — par exemple, à la suite de la défaillance d'un établissement —, la banque centrale peut intervenir pour éviter une crise : on qualifie cette fonction de *prêteur en dernier ressort*.

Au total, les comptes courants banque centrale par lesquels circule la monnaie centrale permettent :
— le règlement des opérations de compensation des banques ;
— la conversion de la monnaie scripturale bancaire en billets ;
— enfin, la communication avec l'ensemble des monnaies étrangères grâce aux comptes que les institutions internationales ou étrangères détiennent à la banque centrale.

La *monnaie centrale* a ainsi une suprématie sur les autres formes de monnaies auxquelles elle est hiérarchiquement supérieure, ce qui en fait un instrument de la politique monétaire. En effet, comme on le verra au chapitre VI, c'est en agissant sur la quantité de monnaie centrale en circulation, principalement par le canal des interventions sur le marché monétaire, que les banques centrales cherchent à réguler la création monétaire et les taux d'intérêt.

II / La monnaie, actif de patrimoine, et ses substituts

Si la monnaie est d'abord un moyen de paiement, elle est également un instrument de réserve de valeur, une des formes que peut prendre la richesse. Elle offre l'avantage, par rapport à d'autres actifs de patrimoine — tels que les valeurs mobilières et les immeubles —, d'être l'actif le plus liquide, c'est-à-dire d'être immédiatement disponible et sans risque, sauf en cas d'inflation. En contrepartie, la monnaie a l'inconvénient d'être faiblement ou non rémunérée (1). Cependant, les innovations financières ont multiplié les produits de placement aisément convertibles en moyens de paiement et qui procurent un revenu financier sans grand risque : les « actifs financiers liquides ». Les agents sont donc incités à substituer dans leur patrimoine ces actifs « quasi monétaires » à la monnaie elle-même, sans que cela affecte leur capacité de dépense (2). Cette évolution rend de plus en plus floue la frontière entre les moyens de paiement et les actifs financiers liquides, ce qui gêne la délimitation des « agrégats monétaires », indicateurs destinés à mesurer la masse monétaire et à éclairer les autorités monétaires sur les capacités de dépense des agents économiques (3). De même, on constate une augmentation de l'importance, dans les patrimoines, des placements financiers correspondant à une volonté d'épargne et pouvant à tout moment se transformer en moyens de paiement (4).

1. La gestion de patrimoine

Chaque agent économique détient un patrimoine qui se décompose en deux éléments : ses actifs et ses dettes. Les actifs prennent trois formes principales : les actifs réels, les actifs financiers et les avoirs monétaires. Les actifs réels correspondent aux biens de production (immeubles, machines, stocks) et aux biens de consommation durables (voitures, meubles, équipement électroménager, œuvres d'art). Les actifs financiers correspondent aux titres à long terme (actions, obligations) et à court terme (bons du Trésor, billets de trésorerie, certificats de dépôt) négociables sur les marchés de capitaux. Les actifs monétaires concernent la monnaie sous ses différentes formes.

Chaque agent cherche à répartir la composition de son patrimoine entre ses différents actifs de manière à ce que celui-ci lui procure une satisfaction maximale, compte tenu de ses objectifs et de ses préférences. Plus précisément, deux critères sont privilégiés pour assurer la gestion du patrimoine : le risque et le rendement des actifs.

On distingue deux types de rendement : le *rendement d'usage* et le *rendement financier*. Le rendement d'usage découle des services rendus par un actif, par exemple de l'utilisation d'une voiture par son propriétaire ; ce service peut être évalué, en termes monétaires, par le coût de location d'un véhicule similaire. Ce rendement d'usage concerne essentiellement les biens réels, mais peut provenir également des actifs monétaires, comme on le verra plus loin.

Les rendements financiers comprennent deux éléments : d'une part, les revenus procurés par les actifs : loyers des immeubles, intérêts sur les titres, dividendes des actions, et, d'autre part, les gains (ou les pertes) en capital correspondant aux plus-values (moins-values) réalisées lors de la revente d'immeubles ou d'actifs financiers.

Les risques liés à la détention d'un patrimoine sont de quatre ordres : (a) le *risque d'insolvabilité* correspond à la perte qui se matérialise en cas de non-remboursement du débiteur. Ainsi en est-il lorsqu'une entreprise fait faillite et que les dettes émises par cette entreprise perdent tout ou partie de leur valeur. (b) Le *risque de taux d'intérêt* provient des pertes de revenus liées à une évolution défavorable des taux d'intérêt. (c) Le *risque de capital* découle des pertes liées aux fluctuations brutales des prix des actifs réels et financiers. De tels risques apparaissent, par exemple, lorsque les prix des actifs baissent brutalement lors d'un krach immobilier ou financier. Ce risque de marché se matérialise lorsque l'actif est « liquidé » à perte, c'est-à-dire qu'il est revendu à un prix inférieur à son prix d'achat. Enfin, (d) le *risque d'illiquidité* correspond à la situation où un agent ne dispose pas des « liquidités » suffisantes, c'est-à-dire des moyens de paiement pour payer une dépense ou rembourser une dette : il encourt alors des frais, provenant de la vente urgente d'une partie de ses actifs réels ou financiers pour se procurer les moyens de paiement nécessaires. Ces frais sont de deux ordres : des *coûts de négociation* (par exemple, commissions perçues par les banques) liés à la vente d'actifs, et des *coûts de liquidation*, provenant des pertes éventuelles dues à la cession d'actifs aux conditions du marché.

Ces considérations permettent de montrer le rôle spécifique de la monnaie dans la gestion du patrimoine.

Singularité des actifs monétaires

La monnaie se distingue des actifs réels et financiers parce qu'elle ne présente, en principe, aucun des risques mentionnés précédemment. C'est un actif sans risque ; on dit que c'est l'*actif le plus liquide*.

Un actif liquide a deux caractéristiques principales :

— sa valeur nominale est stable : il ne présente pas de risque de variation de sa valeur nominale (absence de risque de capital) ;

— il est immédiatement disponible pour le règlement des transactions : un actif liquide peut être converti, sans coûts et sans délai, en moyens de paiement (absence de risque d'illiquidité).

La monnaie possède ces deux propriétés au plus haut point. À la différences des autres actifs, réels et financiers, dont les prix fluctuent au gré des variations de l'offre et de la demande, la monnaie a une valeur nominale stable, déterminée hors marché et garantie par les banques et le Trésor, institutions cautionnées par l'État (absence de risque d'insolvabilité). De plus, comme on l'a vu, les établissements émetteurs de monnaie ont la capacité de convertir entre elles les différentes formes de monnaie. Enfin, les actifs monétaires sont aisément divisibles, et peuvent prendre des valeurs très variables, s'adaptant à l'ensemble des transactions, quel que soit leur montant.

Deux restrictions doivent cependant être apportées à ces qualités de la monnaie. En premier lieu, la stabilité de la monnaie ne concerne que sa valeur nominale et non pas son pouvoir d'achat exprimé en fonction des biens que celle-ci permet d'acquérir : il est clair, en effet, que le pouvoir d'achat de la monnaie (qui correspond à la quantité de chaque bien obtenue pour chaque unité de monnaie) se modifie en fonction des variations des prix des actifs réels et financiers. Par exemple, si l'inflation s'accélère, le pouvoir d'achat de chaque unité de monnaie diminue, même si la valeur nominale de celle-ci est stable. En second lieu, la stabilité de la valeur nominale de la monnaie n'est assurée que dans le pays d'émission de celle-ci : c'est la stabilité monétaire interne. En revanche, la stabilité de la monnaie sur les marchés extérieurs (stabilité monétaire externe) n'est généralement pas assurée puisque la plupart des taux de change des monnaies ne sont pas fixes mais fluctuent dans le système monétaire international actuel (voir chapitre V).

La préférence pour la liquidité

Ces propriétés de la monnaie, qui en font l'actif le plus liquide, expliquent pourquoi les agents économiques cherchent à détenir une partie de leur patrimoine sous forme de monnaie. Le premier économiste à avoir insisté sur la notion de liquidité est Keynes qui, dans sa *Théorie générale de l'emploi, de l'intérêt et de la monnaie* [1936], explique la détention de monnaie comme un comportement de « préférence pour la liquidité ». Selon Keynes, les agents économiques recherchent la monnaie pour faire face à l'*incertitude*, c'est-à-dire à leur incapacité de prévoir l'avenir. L'économie de marché est, en effet, incertaine par nature. Car, si les évolutions macroéconomiques font preuve d'une relative régularité statistique, il n'en est pas de même au niveau microéconomique où sont prises les décisions individuelles. Les agents économiques individuels font souvent face à une incertitude radicale, c'est-à-dire à un manque d'informations sur l'avenir. On trouve ici un aspect essentiel de l'économie monétaire, admirablement décrit par Keynes. D'un côté, la monnaie est détenue parce qu'elle inspire confiance, du fait de sa qualité d'actif sans risque, garantie par le système bancaire et par l'État ; mais, d'un autre côté, les agents économiques recherchent la monnaie pour faire face à leur défiance à l'égard de l'avenir, découlant de l'incertitude.

Il y a incertitude parce qu'il y a imperfection des prévisions concernant :

— la synchronisation des dépenses et des recettes. Par exemple, les retards de paiement d'un débiteur ou la défaillance d'une entreprise entraînent des difficultés pour les créanciers : la détention d'actifs liquides constitue une protection contre les risques induits d'illiquidité ou d'insolvabilité ;

— l'évolution des prix des actifs risqués : la détention d'actifs liquides évite les risques de perte de capital attachés aux actifs réels et financiers dont la valeur fluctue sur les marchés.

Le *rendement d'usage des actifs liquides* réside dans le fait que ces derniers permettent d'éviter les coûts et les risques liés à la détention d'actifs risqués. Si la monnaie est l'actif le moins risqué, c'est également l'actif dont les rendements financiers sont le moins élevés. Ainsi, les actifs monétaires détenus sous forme de comptes de dépôts à vue bancaires (monnaie scripturale) ne sont pas rémunérés en France (*cf.* p. 16). Mais si les détenteurs d'actifs monétaires se contentent d'un rendement financier nul, supportant ainsi un manque à gagner dit *coût d'opportunité*, c'est parce que la monnaie leur apporte un rendement d'usage important.

Les trois motifs de la demande de monnaie

Afin d'expliquer le comportement des détenteurs d'encaisses monétaires, les économistes ont élaboré une théorie de la *demande de monnaie*. La théorie de la « préférence pour la liquidité » de Keynes en constitue le point de départ. Pour Keynes, la détention d'encaisses monétaires répond à trois motifs principaux :

– le *motif de transaction* recouvre le besoin de disponibilités monétaires pour faire face aux dépenses courantes (achats de

biens et services des ménages, paiement des salaires et autres dépenses d'exploitation des entreprises) ;
— le *motif de précaution* : la détention de monnaie permet de faire face aux imprévus budgétaires prenant la forme d'une perte inopinée de revenus ou de la survenance d'une dépense imprévue ;
— le *motif de spéculation* désigne le choix des agents économiques entre liquidité et placement, c'est-à-dire l'arbitrage entre la réserve de valeur nominale stable qu'est la monnaie et les autres réserves de valeur nominale variable que sont les actifs réels et financiers.

Les agents économiques arbitrent ainsi entre monnaie, biens et titres en fonction de considérations de risque et de rendement ; et c'est au terme de cette comparaison qu'ils définissent la structure réelle, financière et monétaire de leur patrimoine.

2. Les formes actuelles des actifs financiers liquides

Les agents économiques disposent aujourd'hui d'une gamme très complète de produits pour placer leur richesse financière. On a assisté, en particulier, au développement de placements présentant à la fois une grande liquidité (au sens défini précédemment) et un rendement financier significatif, de telle sorte que la frontière entre actifs monétaires et actifs financiers a eu tendance à s'estomper.

Les actifs financiers liquides correspondent à cette catégorie intermédiaire d'actifs qui, tout en rapportant un revenu financier, sont néanmoins peu risqués et peuvent être aisément transformés en moyens de paiement. Ces placements, rémunérés par un taux d'intérêt et non directement utilisables dans les paiements, ne sont pas de la monnaie au sens strict de M1, mais constituent un pouvoir d'achat potentiel pris en compte par les responsables de la politique monétaire. Ces actifs financiers liquides rentrent dans la composition des agrégats monétaires élargis M2 et M3, comme on le verra plus loin (p. 34). On peut classer ces actifs monétaires en deux catégories, selon que ceux-ci sont remboursables à leur valeur nominale par les établissements émetteurs, ou qu'il s'agit d'actifs négociables sur les marchés.

Les actifs liquides non négociables

Cette première catégorie comprend les créances à vue ou à court terme (durée égale ou inférieure à deux ans), libellées en francs (en euros à partir du 1er janvier 2002), émises par les établissements de crédit ou le Trésor et qui sont remboursables au guichet de ces établissements à leur valeur nominale. Ces créances peuvent prendre des formes variables : comptes de dépôts et à terme, bons non négociables.

Parmi les comptes de dépôts, on trouve les placements à taux réglementés qui sont pour la plupart défiscalisés, ce qui contribue à expliquer leur grand succès en France : livrets A, Bleu, comptes épargne-logement et comptes pour le développement industriel (Codevi). Certains comptes sont soumis à l'impôt (notamment les livrets B et bancaires).

Les comptes à terme dans les banques ou au Trésor sont des dépôts bloqués jusqu'à une échéance donnée, mais la possibilité est laissée à leurs détenteurs d'obtenir des retraits avant terme sur ces comptes, moyennant une réduction de l'intérêt versé.

Les comptes d'épargne contractuelle (plans d'épargne-logement, plans d'épargne populaire ou PEP) reçoivent également une épargne de plus longue durée et, comme les comptes à terme, permettent des retraits avant terme.

Les bons non négociables émis par les établissements de crédit et le Trésor peuvent également faire l'objet d'un remboursement anticipé à la demande du souscripteur à un barème fixé à l'avance : il s'agit notamment des bons de caisse des banques.

Les actifs liquides négociables

Cette seconde catégorie comprend les titres à court et moyen termes — dix jours à sept ans — négociables sur des marchés ouverts à tous les agents, financiers et non financiers. La valeur de ces titres varie ; ils sont donc sujets au risque de capital. On peut distinguer trois catégories d'actifs liquides négociables :

les titres des OPCVM monétaires (organismes de placement collectif en valeurs mobilières), les titres de créance négociables (TCN) et enfin les avoirs en devises étrangères.

Les organismes de placement collectif en valeurs mobilières (OPCVM) gèrent des portefeuilles d'actifs financiers pour le compte d'épargnants qui sont leurs actionnaires. L'actif des OPCVM est composé de leur portefeuille de titres ; leur passif est constitué par les parts représentant leur capital et qui sont émises dans le public. Il y a deux types d'OPCVM, les sociétés d'investissement à capital variable (SICAV), et les fonds communs de placement (FCP) qui n'ont pas de personnalité juridique. Ces organismes présentent trois avantages : la gestion collective par des spécialistes, la diversification d'un portefeuille important qui assure la répartition des risques, et le remboursement au guichet des actions de SICAV ou des parts de FCP sur la base de leur valeur liquidative (valeur moyenne du portefeuille au jour du remboursement), ce qui assure la liquidité du placement, mais n'exclut pas le risque de perte en capital. Deux types d'OPCVM se sont développés : les OPCVM de long terme qui détiennent des valeurs mobilières (obligations et actions) et les SICAV monétaires dont le portefeuille est essentiellement composé de titres négociables sur le marché monétaire (TCN). Les titres de ces SICAV monétaires peuvent être considérés comme une réserve de moyens de paiement bien qu'il s'agisse de valeurs mobilières.

Les titres de créance négociables (TCN) peuvent être regroupés en quatre catégories :
— les certificats de dépôts, créés en septembre 1985, émis par les établissements de crédit (durée de dix jours à sept ans) ; ils représentent des dépôts à terme pour lesquels un remboursement anticipé n'est pas possible et qui permettent la cession de ces titres sur le marché lorsque leur détenteur a besoin de liquidités ;
— les bons du Trésor négociables (BTN), émis par le Trésor sur le marché par adjudication, c'est-à-dire aux enchères (durée de quatre semaines à cinq ans) ;
— les bons des institutions et sociétés financières, créés en décembre 1985, mai 1986 et mars 1987 selon le type d'institution (durée de dix jours à sept ans) ;

— les billets de trésorerie, créés en décembre 1985, émis par les grandes entreprises industrielles et commerciales. Ces titres ne sont pas cotés sur les marchés comme les valeurs mobilières émises par les entreprises, mais font l'objet d'une notation (*rating*) par des agences d'évaluation financière (ADEF) en France.

Enfin, la Banque de France inclut dans les actifs liquides les dépôts et titres de créance négociables en devises étrangères. Ces actifs, aisément convertibles en moyens de paiement en francs (ou en euros), présentent un risque particulier, qui est le risque de change, c'est-à-dire le risque de perte lié aux fluctuations des taux de change entre les monnaies nationales. Ce risque supplémentaire montre que tous les actifs financiers liquides ne sont pas strictement équivalents du point de vue de la nature des risques qu'ils présentent pour leurs détenteurs.

3. Monnaie et actifs financiers liquides : la délimitation des agrégats monétaires

Les agrégats monétaires sont des indicateurs statistiques élaborés par les autorités monétaires et censés refléter la capacité de dépense des agents économiques. Le rôle de ces indicateurs est de fournir des informations aux banques centrales devant permettre à celles-ci de guider au mieux les évolutions monétaires en fonction de leurs objectifs. La définition de ces agrégats suppose que l'on trace une frontière entre les différents actifs financiers détenus par les agents non financiers afin de déterminer ceux qui représentent une réserve de pouvoir d'achat. Cependant, les frontières entre actifs financiers, selon leur degré de liquidité, sont rendues floues par la multiplication des innovations financières qui tendent à atténuer les différences entre les catégories d'actifs liquides.

La mise en place de l'euro a été l'occasion d'une réflexion des onze pays membres de la zone euro sur la définition d'agrégats communs et harmonisés [Banque centrale européenne, 1999]. Le concept d'*institutions financières monétaires* (IFM) a été élaboré dans ce but par l'Institut monétaire européen (IME) en collaboration avec les banques centrales nationales. Les IFM comprennent trois catégories d'institutions émettrices d'actifs monétaires. La première recouvre les banques centrales. La deuxième correspond aux établissements de crédit résidents de la zone euro (principalement les banques et les caisses d'épargne). Ceux-ci sont définis comme des « entreprises dont l'activité consiste à recevoir du public des dépôts ou d'autres fonds remboursables et à consentir des crédits ». La troisième catégorie regroupe l'ensemble des autres institutions financières résidentes dont l'activité consiste à recevoir des dépôts et/ou des substituts proches des dépôts de la part d'entités autres que les IFM et à consentir des crédits, ou à effectuer des placements en titres. Cette catégorie comprend essentiellement les OPCVM monétaires.

Partant de ce cadre d'analyse, les autorités monétaires européennes ont défini trois agrégats monétaires, du plus étroit (M1) au plus large (M3), construits par intégration successive des actifs à caractère monétaire figurant au passif consolidé des IFM, et dont l'évaluation est donnée dans le *tableau 4*.

TABLEAU 4. — LES AGRÉGATS MONÉTAIRES DE LA ZONE EURO
Encours en janvier 2004

	Milliards d'euros	*En % de M3*
M1	2 713	44 %
Billets et pièces en circulation	397	6 %
Dépôts à vue	2 316	38 %
M2	5 259	85 %
Dont dépôts à terme < 2 ans	1 030	17 %
dépôts avec préavis < 3 mois	1 516	25 %
M3	6 156	100 %
Dont OPCVM monétaires	593	10 %
titres de créance < 2 ans	91	1 %
Produit intérieur brut*	7 254	

* Décembre 2003.

Source : Banque centrale européenne.

Ces trois agrégats correspondent aux actifs liquides suivants dans le contexte institutionnel français :

— l'*agrégat monétaire étroit* (M1), qui représente la monnaie au sens strict, ne comprend que les actifs ayant le caractère de moyens de paiement, c'est-à-dire la monnaie fiduciaire (billets et pièces) et la monnaie scripturale qui correspond aux dépôts à vue dans les banques et à La Poste transférables de compte à compte par chèques, cartes de paiement...

— l'*agrégat « intermédiaire »* (M2) comprend, en plus de (M1), les placements à vue effectués sur des comptes sur livrets à taux réglementés, notamment les livrets A des caisses d'épargne, les comptes d'épargne-logement, les comptes pour le développement industriel (CODEVI), les livrets d'épargne populaire (LEP), les livrets « jeunes ». Ces placements — parfois qualifiés de *quasi-monnaie* — ont la caractéristique d'être disponibles à tout moment mais, contrairement aux actifs qui constituent M1, ils ne peuvent servir directement à effectuer des paiements. Les actifs inclus dans (M2 – M1) correspondent en grande partie aux actifs liquides non négociables présentés précédemment ;

— la *masse monétaire au sens large* (M3) recouvre (M2) ainsi que les instruments négociables émis par les institutions financières monétaires (IFM). Il s'agit en particulier des titres d'OPCVM monétaires et des titres de créances négociables (TCN), notamment les certificats de dépôt. Les actifs compris dans (M3 – M2) correspondent pour l'essentiel aux actifs liquides négociables présentés ci-dessus.

Au niveau de la zone euro, en janvier 2004, la valeur globale des agrégats monétaires s'échelonnait de 2 713 milliards d'euros pour M1 à 6 156 milliards d'euros pour M3 (*tableau 4*), ce qui représentait respectivement 37 % et 85 % du produit intérieur brut (PIB). La proportion de ces agrégats monétaires circulant en France est de l'ordre de 20 %, ce qui correspond approximativement au poids du PIB français dans la zone euro.

4. La place de la monnaie dans l'ensemble des actifs financiers

Les agents économiques ont la possibilité de répartir leur portefeuille (patrimoine financier) entre un ensemble d'actifs très large qui va des actifs financiers liquides aux actifs financiers risqués, sans oublier les placements d'assurance vie.

Les actifs financiers risqués correspondent pour l'essentiel aux valeurs mobilières négociables sur les marchés financiers qui sont de deux grands types :
— les titres d'associés tels que les actions qui sont un droit de propriété sur les actifs sociaux de la société émettrice avec participation aux bénéfices réalisés, une partie de ceux-ci étant versée sous forme de dividendes et une autre mise en réserve, ce qui contribue à accroître les actifs nets de l'entreprise (autofinancement) ;
— les titres de créance du type obligations, source d'un intérêt généralement fixe (le coupon), payés quels que soient les résultats de l'entreprise émettrice.

Les valeurs mobilières se négocient aux conditions du marché. Leurs cours fluctuent en fonction de l'offre et de la demande, et dépendent de plusieurs facteurs fondamentaux :
— pour les actions, les cours dépendent de la valeur actualisée des bénéfices futurs de l'entreprise émettrice. Les bénéfices sont fonction de facteurs internes à l'entreprise (la qualité de sa gestion) et externes, tels que les perspectives de croissance de l'économie et de la branche où opère l'entreprise ;
— pour les obligations à intérêt fixe, le cours varie en sens inverse de l'évolution des taux d'intérêt. Si les taux s'élèvent, il est plus avantageux de souscrire des titres nouvellement émis dont la rémunération est supérieure à celle des obligations émises antérieurement. Les cours de ceux-ci vont donc baisser de manière à compenser l'écart de rémunération et il baissera d'autant plus que l'échéance (date du remboursement) est lointaine (voir encadré p. 39).

Les nouveaux comportements de placement des ménages

Le patrimoine financier des ménages s'est profondément modifié en une décennie, comme le montre le *tableau 5*. Tout d'abord, passant de 998 à 1 964 milliards d'euros entre 1990 et 2002, la taille de ce patrimoine a pratiquement doublé. À titre de comparaison, le revenu disponible des ménages a augmenté de 50 % pendant cette période, soit une progression deux fois moindre. En second lieu, la composition du patrimoine financier s'est transformée avec un accroissement du poids relatif des actifs financiers. De plus, les ménages ont cherché à

TABLEAU 5. — PLACEMENTS DES MÉNAGES FRANÇAIS (a)

Encours	*1990*		*2002*	
	Milliards euros	*%*	*Milliards euros*	*%*
Épargne courte				
— Moyens de paiement (M1)	155	15,5	229	11,7
— Livrets non imposables (b)	192	19,2	251	12,8
— Placements à terme	65	6,5	63	3,2
— OPCVM monétaires (c)	116	11,6	47	2,4
— TCN (d)	1	0,1	12	0,6
— Total	530	53,1	602	30,7
Épargne longue				
— Épargne contractuelle (e)	81	8,1	253	12,9
— Obligations	52	5,2	50	2,5
— Titres d'OPCVM long terme	116	11,6	222	11,3
— Actions cotées	86	8,6	70	3,6
— Assurance vie	133	13,3	767	39,0
— Total	468	46,9	1 362	69,3
Total	*998*	*100,0*	*1 964*	*100,0*
Revenu disponible	*610*		*988*	

(a) Ménages et entrepreneurs individuels.
(b) Livrets A, Bleu, Codevi, comptes d'épargne-logement.
(c) OPCVM placées en titres du marché monétaire.
(d) Titres de créance négociables (*cf.* p. 32 et 56).
(e) PEP, plans d'épargne-logement.

Source : Banque de France.

accumuler une épargne plus longue et moins liquide, comme l'illustre le *tableau 5*. On note ainsi un intérêt plus marqué pour les placements en actions qui sont les actifs les plus risqués. Par ailleurs, les ménages ont fait preuve d'un grand engouement pour les placements en assurance vie, dont la part est passée de 13,3 % à 39 %, ce qui a entraîné une concurrence acharnée entre banques et compagnies d'assurances.

En contrepartie, on constate une baisse du poids relatif des actifs monétaires dans le patrimoine des ménages, même si ces derniers ont manifesté récemment une préférence marquée pour l'épargne contractuelle à taux administrés (plans d'épargne), dont les revenus défiscalisés sont attractifs. Il est remarquable que, en une décennie, de 1990 à 2002, le poids des actifs liquides et à court terme ait baissé de plus de 20 points parmi l'ensemble des actifs détenus par les ménages, passant de 53 % à 31 %.

Ces transformations dans la structure du patrimoine financier des ménages révèlent de nouveaux comportements de gestion de portefeuille. Les ménages cherchent, en effet, à réduire la part de leur patrimoine financier détenue sous forme d'encaisses monétaires non (ou faiblement) rémunérées, pour se porter vers des actions aux rendements plus élevés, et vers des actifs liquides et rémunérés tels les produits d'assurance vie ou les produits dits d'épargne contractuelle. Dans un système financier moderne, la liquidité d'un agent ne peut plus être définie par la seule détention d'encaisses monétaires dans la mesure où, d'une part, il existe des actifs rémunérés transformables immédiatement en moyens de paiement et, d'autre part, les ménages peuvent disposer de crédit en cas de besoin. La notion de « contrainte de liquidité » n'est plus assimilable à la détention préalable de moyens de paiement non rémunérés ; elle dépend de la richesse financière des ménages et de leur facilité d'accès à l'endettement.

Ces nouveaux comportements des ménages ont plusieurs séries de causes. La baisse de l'inflation et les incitations fiscales ont rendu moins risquée et plus attractive l'épargne longue. L'incertitude concernant l'emploi et les retraites a amené les ménages à constituer une épargne de précaution. Enfin, les placements financiers des ménages ont été rendus possibles par les innovations et les nouveaux produits financiers offerts par les banques et par l'ensemble des intermédiaires financiers. Ces actifs fournissent des services de liquidité qui ne sont que faiblement inférieurs à ceux des dépôts à vue faiblement ou non rémunérés. De plus, les actifs financiers à long terme (obligations et actions) ont vu leur liquidité s'accroître avec le développement de la taille des marchés financiers de telle sorte que la frontière entre actifs financiers liquides et actifs financiers risqués est devenue de plus en plus floue.

La relation entre le taux d'intérêt et le cours des obligations

Prenons le cas d'une obligation perpétuelle émise à taux fixe. Une obligation de 1 000 euros à 10 % rapporte 100 euros tous les ans, quoi qu'il arrive. Son taux d'intérêt ne varie pas, le coupon reste le même (100 euros), mais le cours (le prix) de l'obligation peut varier en fonction de l'offre et de la demande de titres sur le marché secondaire (où s'échangent les titres déjà émis) des obligations.

Les cours des obligations varient en fonction de l'évolution des taux d'intérêt. En effet, si les taux offerts sur le marché pour les nouvelles émissions obligataires (marché primaire) passent de 10 % à 8 %, les nouvelles obligations seront moins intéressantes que celles précédemment émises au taux de 10 %. Ces dernières seront donc recherchées et leur cours montera. Ce cours montera jusqu'à ce que les rendements de chaque obligation s'égalisent, le rendement d'une obligation étant le rapport des intérêts (ici 100 euros) au prix de l'obligation. Ainsi, si les taux baissent à 8 %, un coupon de 100 euros devra représenter 8 % du nouveau cours de l'ancienne obligation qui s'établira donc à 1 250 euros (100/1 250 = 8 %). Le marché des obligations s'équilibre de façon à rendre identiques l'acquisition d'une ancienne obligation et celle d'une nouvelle obligation.

Inversement, si les taux montent, les anciennes obligations seront moins attrayantes et leur cours baissera. Ainsi s'explique la relation inverse entre les taux d'intérêt et les cours. Si les taux montent, les cours des obligations diminuent ; si les taux baissent, ces prix augmentent.

III / La circulation de la monnaie

Créée par le système bancaire, la monnaie circule entre les agents économiques en fonction de leurs comportements de financement, de placement et de dépense. La circulation de la monnaie dans l'économie est ainsi déterminée par les principales opérations économiques (production, consommation et épargne) (1). La création monétaire a trois sources principales, correspondant aux trois catégories d'agents qui s'adressent au système bancaire pour satisfaire leurs besoins de financement : les ménages et les entreprises, l'État et les non-résidents dont le poids s'accroît avec l'ouverture extérieure de l'économie (2). Les comportements de dépenses et de placements financiers des acteurs économiques se répercutent sur l'intensité d'utilisation de la masse monétaire : sa *vitesse de circulation*. L'évolution de cette dernière dépend des comportements des agents économiques en matière de dépense et d'épargne, mais également des habitudes de paiement et des innovations financières et technologiques qui permettent d'accélérer la rotation des encaisses monétaires (3).

1. Le circuit simplifié de la monnaie

La monnaie circule entre les agents économiques un peu comme le sang circule entre les organes du corps humain. En allant à l'essentiel, on peut dire que la monnaie circule entre trois catégories d'agents : les banques qui créent la monnaie, les entreprises qui l'empruntent, et les ménages qui la dépensent ou l'épargnent.

GRAPHIQUE 1. — CIRCULATION DE LA MONNAIE DANS L'ÉCONOMIE

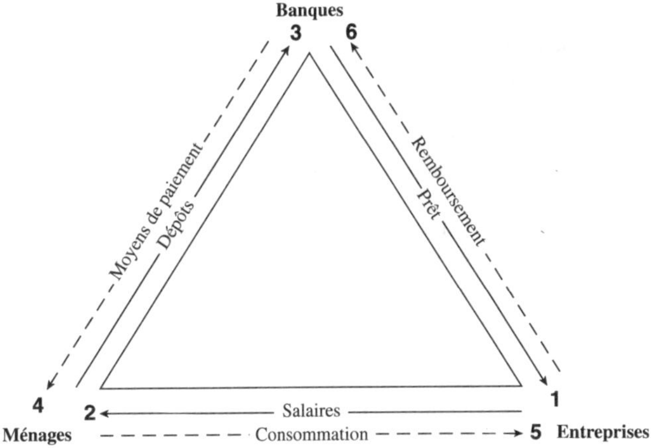

On peut représenter la circulation de la monnaie dans l'économie par un schéma, comprenant trois pôles (les trois agents principaux) et six flux décrivant les opérations économiques de base qui se déroulent en deux périodes :

— *première période* (flèches en traits pleins) : les entreprises cherchent à produire ; pour atteindre cet objectif, elles doivent résoudre un problème lié à un décalage inévitable entre leurs dépenses et leurs recettes : il leur faut obtenir des ressources pour engager la production (embaucher des travailleurs) avant de disposer des recettes liées à la vente de leur produit. Le rôle des banques est de prêter (1) aux entreprises pour leur permettre de combler ce décalage entre recettes et dépenses ; puis les entreprises vont payer les salaires (2) aux travailleurs ; enfin, ces derniers laissent leurs revenus en dépôt auprès des banques (3) ;

— *deuxième période* (flèches en pointillés) : les ménages utilisent leurs dépôts bancaires comme moyens de paiement (4) pour acheter des biens de consommation auprès des entreprises (5) ; ces dernières utilisent ces ressources pour rembourser leurs emprunts (6) auprès des banques.

Le circuit monétaire est bien bouclé : la création monétaire initiale, nécessaire pour amorcer le démarrage du circuit économique par la production des entreprises, se traduit *in fine* par une destruction de la monnaie créée au départ.

Plusieurs conclusions se dégagent de cette analyse en termes de *circulation de la monnaie* :

— les banques ont une double fonction essentielle dans l'économie : d'une part, elles financent les agents économiques, et d'autre part, elles gèrent les moyens de paiement. Ces deux fonctions sont simultanées et indissociables, comme l'illustre le célèbre adage selon lequel « les crédits font les dépôts ». À ce sujet, on a déjà vu (p. 19) que, lorsqu'une banque accorde un crédit à une entreprise, cette opération se traduit immédiatement par deux écritures au bilan de la banque : le prêt accordé apparaît à l'actif, et le montant des liquidités ainsi créées figure au passif de la banque car elles constituent un dépôt dans cette banque sur le compte de l'entreprise emprunteuse ;

— la création monétaire est le privilège des banques : celles-ci créent de la monnaie en « monétisant » leurs créances et en émettant des dettes qui ont la particularité d'être acceptées comme moyens de paiement. La plupart du temps, les créances bancaires correspondent à des crédits : il s'agit de la *monnaie de crédit*, créée *ex nihilo* par les banques à l'occasion de leurs prêts. On verra plus loin (p. 64) que la monétisation de leurs créances par les banques ne se limite pas aux crédits bancaires, mais peut également concerner des créances détenues par les banques sous forme de titres financiers (actions, obligations). L'évolution de la masse monétaire résulte du décalage entre la création et la destruction de monnaie lié aux opérations de prêt et de remboursement (de même que la population évolue en fonction de la différence entre naissances et décès). Dans une économie en croissance, dépenses et recettes des agents économiques progressent ainsi que leurs besoins de financement, ce qui amène une augmentation de la monnaie de crédit, les nouveaux crédits étant supérieurs aux anciens crédits venant à échéance ;

— la création et la circulation monétaire sont directement liées au fonctionnement de l'économie : elles sont *endogènes* à l'économie. Il y a, en particulier, un lien direct entre l'offre de monnaie des banques et les besoins de financement du secteur productif (les entreprises). La création monétaire est déterminée par le niveau de l'activité économique. Par leurs prêts, les banques permettent aux entreprises d'anticiper sur leurs revenus à venir. Elles partagent de ce fait les risques pris par les entreprises et qui sont liés à l'incertitude du futur. Les banques et la création monétaire jouent donc un rôle actif dans le développement de l'activité économique : la monnaie n'est pas *neutre*.

Cette conception de la monnaie et de son rôle dans l'économie est à l'opposé de celle défendue par la théorie quantitative de la monnaie (*cf. encadré* p. 44).

2. Les trois sources de la création monétaire

Le circuit monétaire présenté ci-dessus a le mérite d'être simple et de mettre en lumière des résultats fondamentaux. Mais ce circuit doit être complété : le nombre d'agents et d'opérations est évidemment plus important dans la réalité. Deux agents supplémentaires doivent être pris en compte : en premier lieu, l'État qui est l'agent dont le poids est le plus important dans l'économie, en raison de ses fonctions budgétaire et monétaire. Le système bancaire (banques commerciales et banque centrale) entretient des relations financières multiples avec l'État. Ainsi, les banques sont amenées à financer le budget de l'État, essentiellement en achetant une part importante des titres (bons du Trésor) émis par le Trésor, banquier de l'État, pour couvrir le déficit budgétaire. Ce financement du déficit budgétaire par les banques entraîne de la création monétaire : il y a « monétisation » de la dette publique. Le second agent qu'il convient d'introduire dans le circuit monétaire est l'« extérieur » : l'économie française est largement ouverte sur l'économie mondiale ; aussi une part non négligeable de la création monétaire a un lien direct avec les opérations avec l'étranger (*cf.* l'exemple donné p. 19).

La théorie quantitative de la monnaie

Énoncée dès le XVIe siècle, puis reprise sous différentes formes par la suite, la théorie quantitative de la monnaie (TQM) explique la hausse des prix par une émission excessive de monnaie par rapport à la production.

Soit M la masse monétaire, P les prix, T les quantités échangées pendant l'année et V la vitesse de circulation de la monnaie (nombre de paiements que chaque unité monétaire effectue en moyenne pendant l'année). L'*équation des échanges* MV = PT, énoncée par l'économiste américain Fisher (1867-1947), est une évidence comptable : par définition, la valeur des transactions (c'est-à-dire les prix P multipliés par les quantités T, autrement dit une grandeur qui évolue comme la valeur de la production) est égale à la quantité d'unités monétaires (M, la masse monétaire) multipliée par le nombre moyen de paiements effectués par chaque unité.

La théorie quantitative soutient que : (1) T est exogène (T ne peut atteindre qu'un seul niveau parce que les « lois du marché » sont censées garantir le plein emploi des ressources, notamment du travail) ; (2) V est exogène (dépend des habitudes et des institutions) ; (3) dans ces conditions, le niveau de M détermine le niveau des prix P et, si M augmente (par exemple, par suite de la création monétaire des banques), P augmente dans les mêmes proportions. En conséquence, le niveau général des prix dépend directement et uniquement de la masse monétaire. Pour contrôler l'inflation, il suffit que la banque centrale contrôle l'évolution de la masse monétaire. Selon la théorie quantitative la monnaie est *neutre* : elle n'agit pas sur le niveau de la production et des échanges. Cette théorie correspond à une conception *dichotomique* de l'économie (séparation des phénomènes réels et des phénomènes monétaires).

On considère traditionnellement qu'il y a trois sources principales de la création monétaire. Celles-ci correspondent aux opérations de financement du système bancaire avec (1) l'extérieur, (2) l'État et (3) l'économie, c'est-à-dire les entreprises et les ménages.

Les statistiques monétaires publiées par la Banque centrale européenne permettent de mettre en évidence les principaux canaux de la création monétaire. Ces informations sont fournies par l'actif du bilan consolidé du système bancaire qui enregistre les créances de ce dernier envers les agents non financiers (*tableau 6*). Quant au passif consolidé du système

TABLEAU 6. — M3 ET SES CONTREPARTIES
BILAN CONSOLIDÉ DES IFM* DE LA ZONE EURO
Encours en milliards d'euros en janvier 2004

ACTIF		*PASSIF*	
Créances nettes sur l'extérieur	274	M3	6 156
		Ressources financières	4 154
Créances sur l'État	2 248	Capital, réserves et divers	385
Créances sur l'économie	8 173		
Total	10 695	Total	10 695

* Institutions financières monétaires, *cf.* p. 33-34.

Source : Banque centrale européenne.

bancaire, il recense les agrégats monétaires (M1 à M3) qui représentent une dette du système bancaire, comme on l'a vu (p. 34). Les banques financent une partie de leurs opérations de crédit par des ressources financières qui correspondent à l'épargne contractuelle et aux ressources non monétaires inscrites à leur passif (*tableau 10* du chapitre IV). Ces financements sur ressources financières, c'est-à-dire sur une épargne préexistante, ne donnent pas lieu à de la création monétaire pour des raisons expliquées précédemment (p. 19).

On fait ainsi apparaître les trois sources principales de création monétaire, dénommées « contreparties » de la masse monétaire :
— la *contrepartie extérieure* : c'est la création monétaire qui résulte des opérations externes dont on peut distinguer deux catégories : en premier lieu, les opérations de la banque centrale, notamment à l'occasion de ses interventions sur le marché des changes (voir p. 94 et [Plihon, 2001]) ; en second lieu, les opérations des banques : lorsque celles-ci prêtent (empruntent) de l'euro à l'extérieur de la zone euro, elles créent (détruisent) de la monnaie à cette occasion. L'évolution de la contrepartie extérieure est liée directement à la situation de la balance des paiements. Si la balance globale (qui regroupe les transactions courantes et les mouvements de capitaux à long terme) est excédentaire, cela induit une création monétaire d'origine extérieure, par l'accumulation de réserves de change de la Banque centrale européenne et de créances extérieures du système bancaire ;

— la *contrepartie « créances nettes sur l'État »* retrace la création monétaire qui résulte de l'endettement de l'État. Ces créances sont détenues, pour l'essentiel, par les banques et la banque centrale ;
— la *contrepartie « créances sur l'économie »* correspond aux financements consentis par le système bancaire aux agents non financiers autres que l'État (ménages, entreprises). Comme on peut le voir sur le *tableau 6*, cette contrepartie représente de loin la principale source de création monétaire (près de 76 % en janvier 2004), tandis que les autres sources de création monétaire représentent respectivement 21 % pour les créances nettes sur les administrations publiques et 3 % pour les opérations avec l'extérieur.

Pour calculer le montant de la création monétaire, on inclut les crédits bancaires classiques ainsi que les titres négociables (valeurs mobilières, titres à court terme) émis par les entreprises et le Trésor, et qui sont achetés par les banques sur les marchés financiers. En effet, dans les deux cas, les banques produisent elles-mêmes les ressources nécessaires à l'acquisition de ces créances en effectuant de la création monétaire. On verra au chapitre suivant (p. 64) que cette deuxième forme de création monétaire, par la monétisation des titres négociables, prend une importance croissante dans le système financier actuel.

3. La vitesse de circulation de la monnaie

Les comportements de dépense et de placement financier des agents économiques se répercutent sur l'intensité de l'utilisation de la masse monétaire : sa *vitesse de circulation*. À certaines périodes, la monnaie reçue par les agents économiques est aussitôt dépensée, échangée contre des actifs réels ou financiers (*hot money*) ; la vitesse de circulation de la monnaie s'accroît. C'est ce qui arrive, par exemple, dans les pays en proie à l'hyperinflation dans lesquels la monnaie ne joue plus son rôle d'instrument de réserve. À d'autres périodes, la vitesse de circulation de la monnaie diminue car celle-ci est conservée comme réserve de pouvoir d'achat : les économistes parlent d'une augmentation de la demande de monnaie ou d'une préférence accrue pour la liquidité (*cf.* p. 28).

La vitesse de circulation de la monnaie est un concept important car, à masse monétaire donnée, une variation de celle-ci peut refléter un changement du comportement de dépense ou de placement des agents économiques qui est susceptible d'avoir des effets sur les niveaux de l'activité économique et des prix. Aussi cette variable est-elle suivie avec attention par les autorités responsables de la politique monétaire.

La mesure la plus courante de la vitesse de circulation de la monnaie est la *vitesse-revenu* qui est égale au rapport entre le produit intérieur brut en valeur, ou PIB, et les agrégats monétaires M1, M2 et M3. L'inverse de la vitesse-revenu (M/PIB) est le *taux de liquidité* de l'économie dont l'évolution permet de comparer les rythmes de progression des agrégats monétaires et de l'agrégat économique PIB.

Le *graphique 2* montre que l'évolution de la vitesse de circulation a été très différente au cours des deux dernières décennies selon l'agrégat monétaire retenu : la vitesse de circulation des agrégats M1 et M2 a connu une importante hausse tendancielle. De 1978 à 2000, V1 = PIB/M1 est passé de 3,28 à 4,28 (+ 30 %), tandis que V2 = M2/PIB passait de 1,80 à 2,27 (+ 26 %). En revanche, V3 = PIB/M3 est demeuré assez stable et n'a que faiblement augmenté de 1,38 à 1,55 (+ 12 %) au cours de la même période. En d'autres termes, il apparaît qu'en longue période les agrégats monétaires les moins larges (M1 et M2) ont augmenté à un rythme sensiblement moindre que le PIB. Par contraste, l'agrégat large (M3) progresse à un rythme peu éloigné de celui du PIB en valeur : c'est ce qui explique la relative stabilité de V3 de 1978 à 2000.

Les déterminants de la vitesse de circulation

Les variations des vitesses de circulation sont généralement expliquées par deux types de facteurs, reliés aux deux fonctions de moyen de paiement et d'instrument de réserve de la monnaie. En premier lieu, on l'a vu (p. 29), les agents économiques détiennent de la monnaie pour satisfaire leur *motif de transaction* ; c'est l'absence de synchronisation entre les recettes et les dépenses des agents qui entraîne le « stockage »

GRAPHIQUE 2. — VITESSE DE CIRCULATION DE LA MONNAIE

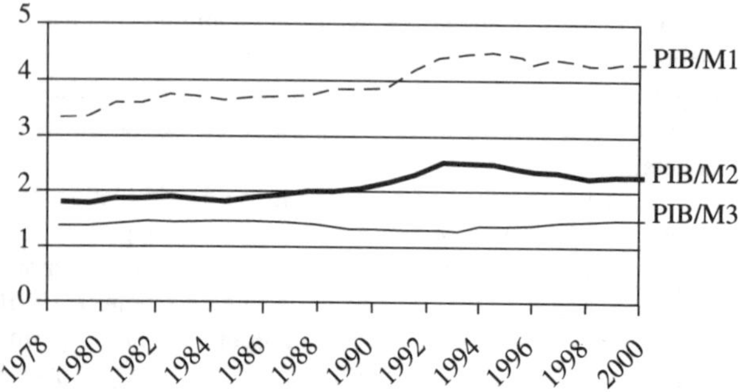

d'une quantité plus ou moins grande de moyens de paiement. Ces encaisses de transaction, dites encore *encaisses actives*, sont directement liées à l'activité économique, mesurée par le PIB. Elles dépendent également des habitudes de paiement qui sont relativement stables à court terme, mais évoluent dans le temps, notamment à la suite des innovations financières. Ainsi, l'extension des *techniques de paiement automatisées*, telles que le virement automatisé (p. 14), pour le paiement de certaines dépenses, a entraîné un règlement plus rapide de ces dernières et tend à accélérer la vitesse de circulation des encaisses de transactions au sens strict (M1). De même, le développement de la « quasi-monnaie » (M2), c'est-à-dire d'actifs monétaires rémunérés et aisément convertibles en moyens de paiement, a réduit la détention de monnaie au sens strict.

La vitesse de circulation des encaisses de transaction peut enfin s'accroître sous l'influence de la rationalisation de la *gestion d'encaisse* qui consiste à déterminer un stock optimal d'encaisse de façon à en minimiser à la fois les coûts de transaction et d'opportunité (manque à gagner lié à la détention d'encaisses monétaires dont la rémunération est faible ou nulle). Un agent économique peut, en effet, se procurer des encaisses de transaction selon trois procédures :

— en conservant des encaisses monétaires faiblement ou non rémunérées, ce qui représente un coût d'opportunité sous forme d'un manque à gagner ;

— en convertissant des actifs financiers en monnaie en fonction de ses besoins d'encaisses de transaction, ce qui l'amène à subir des coûts de transaction (commissions bancaires, par exemple) au moment de la liquidation de ses actifs financiers ;
— enfin, en empruntant les fonds nécessaires, contre paiement d'agios (intérêts) sur le montant du prêt.

Le montant des encaisses de transaction détenues sera alors principalement influencé à court terme par l'évolution des taux d'intérêt. À long terme, ce sont surtout les innovations financières qui affectent l'évolution de la vitesse de circulation des encaisses de transaction : on peut considérer que la hausse tendancielle des vitesses de circulation V1 et V2, retracées sur le *graphique 2*, s'explique largement par la multiplication des innovations qui ont affecté les actifs monétaires au cours des deux dernières décennies.

La vitesse de circulation de la monnaie dépend aussi de la détention d'encaisses obéissant aux *motifs de précaution et de spéculation*. Les agents économiques mettent en « réserve » une partie de leur patrimoine financier sous forme d'actifs monétaires pour faire face à l'imprévu et à l'incertitude de l'avenir, et pour optimiser la gestion de leur patrimoine. Deux séries de facteurs influencent ce comportement de détention d'encaisses. Tout d'abord, des raisons d'ordre psychologique liées à la confiance. Les agents économiques détiendront d'autant plus d'encaisses liquides qu'ils se défient de l'avenir ; ainsi, la perception d'un risque de chômage et de perte de revenus peut amener les agents à constituer des encaisses de précaution.

Par ailleurs, comme il a été expliqué précédemment, la détention d'actifs monétaires et financiers obéit à un comportement plus général de gestion du patrimoine (motif de spéculation ou d'arbitrage). Les agents économiques sont alors amenés à arbitrer entre les encaisses monétaires et les actifs financiers en fonction de considérations de rendement et de risque. C'est ainsi que l'augmentation des vitesses de circulation V1 et V2 au début des années quatre-vingt-dix, illustrée par le *graphique 2*, s'explique par une hausse des taux d'intérêt à court terme qui a amené les agents économiques à réduire la part de leurs encaisses monétaires M1 et M2, dont la rémunération est nulle ou faible, par rapport à leurs actifs liquides rémunérés aux conditions du marché et rendus plus attractifs. De son côté, l'agrégat M3, qui inclut ces actifs (notamment les parts de SICAV monétaires rémunérées aux taux du marché monétaire), a enregistré une baisse de sa vitesse de circulation pendant cette période.

Deux conceptions de la monnaie

Tous les économistes sont d'accord sur les facteurs qui sous-tendent l'évolution de la vitesse de circulation de la monnaie. En revanche, les points de vue diffèrent fondamentalement quant à l'interprétation donnée aux variations de la vitesse de circulation. D'un côté, les monétaristes — qui poursuivent la tradition de la théorie quantitative de la monnaie (*cf. encadré* p. 44) — considèrent que la vitesse de circulation est relativement stable, car elle reflète des comportements de détention d'encaisse largement déterminés par des variables de revenu. Les keynésiens ont un point de vue opposé : la vitesse de circulation et la demande de monnaie sont instables car elles dépendent principalement des comportements d'arbitrage (de spéculation) et de l'influence beaucoup plus volatile des taux d'intérêt.

L'opposition entre ces deux conceptions a des implications importantes en matière de politique économique. Si l'on considère, à l'instar des monétaristes, que la vitesse de circulation de la monnaie est stable, c'est-à-dire qu'il existe une relation prévisible entre monnaie et PIB nominal, il suffit de régler la progression de la masse monétaire sur la croissance attendue du PIB en volume pour obtenir l'évolution souhaitée des prix, étant entendu que selon les monétaristes l'influence de la monnaie sur l'activité « réelle » (hors inflation) est « neutre ».

Si l'on croit, comme les keynésiens, que les relations entre masse monétaire et PIB sont imprévisibles, il n'est pas souhaitable de fonder la politique économique sur le réglage de la masse monétaire, et il est préférable d'agir par l'intermédiaire d'autres instruments, tels que la politique budgétaire et fiscale.

L'observation de la réalité économique récente ne semble pas donner raison aux conceptions monétaristes. En effet, comme on le verra plus loin (p. 107), les autorités monétaires ont abandonné leurs objectifs de masse monétaire dans les principaux pays industrialisés, préférant un ciblage direct sur l'inflation, en raison précisément du caractère peu fiable de la relation entre la masse monétaire et le PIB. Seule la Banque centrale européenne a décidé de garder un objectif de masse monétaire, mais il concerne l'agrégat large M3 dont la vitesse de circulation est relativement stable, comme le suggère le *graphique 2* portant sur la France.

IV / La monnaie et les banques au cœur de la finance moderne

Nouvelles technologies, innovations financières et déréglementation se sont conjuguées pour amener une transformation accélérée des systèmes financiers. En France, comme dans de nombreux pays, le système financier a basculé vers une logique de marchés financiers libéralisés à la suite d'importantes réformes (1). Ce chapitre décrit la montée en puissance des marchés de capitaux (2) ainsi que la modification, parfois radicale, des comportements financiers des agents économiques (3). Il explique enfin comment le développement des marchés financiers a transformé la place des banques et de la monnaie dans l'économie (4).

1. Le passage à l'économie de marchés financiers libéralisée

Jusqu'au début des années quatre-vingt, le système financier français a une double caractéristique :

• L'activité financière est largement contrôlée par les pouvoirs publics :
— une partie importante de l'activité financière passe par l'État, et le Trésor qui est son banquier, pour les financements comme pour la collecte des ressources financières : c'est le *circuit du Trésor* ;

— la plupart des institutions bancaires et financières sont placées sous le contrôle de l'État ; en 1984, les banques nationalisées — ayant l'État pour actionnaire unique — contrôlent 87 % des dépôts à vue et 76 % des crédits distribués dans l'économie française. La plupart des institutions bancaires et financières sont spécialisées (Crédit foncier, Crédit agricole, Banques populaires...) et bénéficient de privilèges (livrets A...) ;
— les taux d'intérêt sont en grande partie administrés : près de 50 % des crédits nouveaux distribués par les banques sont des prêts *bonifiés*, c'est-à-dire à taux « préférentiels » au-dessous des conditions du marché ;
— l'« encadrement du crédit » imposé par la Banque de France est le principal instrument de contrôle de la création monétaire (*cf.* p. 89).

Dans ce contexte d'*économie administrée*, la concurrence entre les intermédiaires financiers est faible, d'autant que l'activité bancaire est concentrée entre un nombre limité d'établissements.

• L'essentiel du financement de l'économie provient de crédits octroyés par les banques et des institutions financières spécialisées. Ainsi, en 1978, les deux tiers du financement externe des sociétés françaises sont fournis par un endettement auprès des intermédiaires financiers, appartenant pour l'essentiel au secteur public, d'où l'appellation d'*économie d'endettement administrée* donnée au régime financier de cette période. Cette particularité de la structure de financement des entreprises a deux causes principales :
— la faiblesse du taux d'autofinancement des entreprises qui ne dépasse pas 60 % au début des années quatre-vingt, ce qui est très inférieur aux ratios — voisins de 90 % — enregistrés aux États-Unis et en RFA pendant la même période ;
— l'étroitesse du marché financier intérieur, les ménages français ayant une forte préférence pour les placements liquides et immobiliers.

Ce régime d'économie d'endettement administré a contribué à créer un environnement adapté aux besoins de l'économie française et a favorisé la croissance rapide de l'investissement productif et de la production enregistrée pendant la période des « trente glorieuses ».

Les réformes financières

Depuis le milieu des années quatre-vingt, les principaux traits de l'*économie d'endettement administrée* se sont estompés. Un nouveau système financier se met en place dans lequel les marchés de capitaux prennent de l'importance par rapport au financement bancaire. Par ailleurs, la logique concurrentielle l'emporte sur le contrôle public dans la régulation du système financier. Ce nouveau régime est qualifié d'*économie de marchés financiers libéralisée*.

Les pouvoirs publics français, quelle que soit leur couleur politique, ont joué un rôle décisif dans cette transformation en prenant deux séries de mesures :

— une *libéralisation financière radicale* avec la suppression de l'encadrement du crédit en 1987, la levée du contrôle des changes en 1989, et la réduction progressive de la part des crédits à taux administrés dès 1985. Par ailleurs, les pouvoirs publics ont procédé à la privatisation des banques et des principales institutions financières à partir de 1986. En 2001, la quasi-totalité des banques étaient revenues au secteur privé ;

— la *création d'un marché unique des capitaux* : au début des années quatre-vingt, les marchés de capitaux étaient peu développés en France. Les différents compartiments des marchés de capitaux (argent à court terme, obligations et actions) communiquaient peu entre eux et n'étaient pas ouverts à tous les agents économiques. Cette organisation ne permettait pas une confrontation globale de l'offre et de la demande de capitaux. Or le bon fonctionnement des marchés de capitaux nécessite que tous les agents économiques puissent arbitrer simultanément — pour la composition de leur portefeuille — entre titres courts, rémunérés au taux du marché monétaire, et titres longs. Ce processus donnant la priorité au développement des marchés de capitaux et aux financements accordés aux conditions du marché est qualifié de *marchéisation* des financements.

L'objectif principal de ces réformes, mises en œuvre à partir de 1985, est la création d'un marché unifié des capitaux, allant du court au long terme, incluant les opérations au comptant et à terme, et ouvert à l'ensemble des opérateurs : financiers et non financiers, nationaux et étrangers.

2. Le développement des marchés de capitaux

Les marchés de capitaux comprennent en France (*tableau 7*) — outre le marché du crédit bancaire — le marché monétaire pour les capitaux à court et moyen termes, élargi et accessible à tous les agents depuis la réforme de 1985, le marché hypothécaire qui concerne le financement de l'immobilier créé en 1966, et les marchés financiers, réorganisés par une loi de 1988, sur lesquels se négocient les capitaux à long terme, actions et obligations notamment. Se rajoutent, en complément, les marchés de produits dérivés destinés à assurer la couverture des agents contre les risques liés aux variations des taux d'intérêt et des prix des titres.

TABLEAU 7. — LES MARCHÉS DE CAPITAUX EN FRANCE

Compartiments	*Instruments*	*Échéances traitées*
Marché monétaire — interbancaire — au sens large	 Bons gérés en comptes courants Effets représentatifs de crédits Certificats interbancaires Titres de créance négociables	 Jour le jour À sept ans
Marché hypothécaire	Créances hypothécaires	Jusqu'à vingt ans
Marché financier	Actions et obligations	> Trois ans
Marché bancaire	Crédits	Jour le jour à trente ans
Marchés de produits dérivés	Contrats à terme, options, *swaps*	

Le marché monétaire

Depuis la réforme de 1985, le marché monétaire comprend deux compartiments :
— le *marché interbancaire*, réservé aux établissements de crédit et à quelques institutions agréées (Banque de France, Trésor public, Caisse des dépôts et consignations). Sur ce marché, où la Banque de France peut intervenir, les taux d'intérêt se forment en fonction de l'offre et de la demande. Dans la pratique, ces taux fluctuent à l'intérieur du corridor des taux directeurs définis par la banque centrale dans le cadre de sa politique monétaire (voir p. 93). C'est le taux du marché interbancaire qui sert de référence aux taux d'émission, généralement fixes, des titres de créance négociables (TCN) ;
— ces derniers forment les instruments du *marché monétaire élargi*, ouvert entre 1985 et 1987, et accessible à tous les agents économiques, qui peuvent ainsi y collecter des ressources ou y investir pour des durées allant du très court terme (jour le jour) au moyen terme (sept ans). Sous l'impulsion des pouvoirs publics, quatre nouveaux instruments (TCN) ont été créés à cet effet (*cf.* p. 32) : les certificats de dépôts, les billets de trésorerie, les bons du Trésor et les bons des institutions et sociétés financières. Les *certificats de dépôts* émis par les banques, avec un encours de 208 milliards d'euros fin février 2004, sont surtout détenus par les organismes de placement collectif (OPCVM). Les *billets de trésorerie*, émis par les entreprises non financières, s'élevaient à 65 milliards d'euros à la même date. Les *bons à moyen terme négociables* (BMTN), créés en 1992, sont émis par les entreprises et les établissements de crédit pour une durée supérieure à un an ; leur encours était de 54 milliards d'euros fin février 2004. Les bons du Trésor négociables, qui constituent le compartiment des TCN le plus important avec un encours de l'ordre de 240 milliards d'euros fin 2002, ont été institués en 1985 pour moderniser la gestion de la dette publique, et sont désormais ouverts à tous les intervenants. Ils sont destinés à assurer le financement à court et moyen termes (jusqu'à cinq ans) de la dette publique, à la différence des obligations assimilables du Trésor (OAT), dont la durée peut aller jusqu'à trente ans.

Le marché hypothécaire a été organisé en 1966 sous l'égide du Crédit foncier de France pour faciliter le financement de l'immobilier aux particuliers en offrant aux établissements octroyant ces concours la possibilité de négocier leurs créances hypothécaires. Ce marché, qui est une excroissance spécialisée du marché interbancaire, comprend deux compartiments :

— le court et moyen terme sur lequel des billets de mobilisation généralement inférieurs à dix ans sont souscrits par des établissements de crédit disposant d'excédents structurels de trésorerie. Vers le milieu des années quatre-vingt, il est apparu que les ressources de ce marché étaient insuffisantes, ce qui a conduit à la création d'un nouveau marché en 1985 ;

— ce second marché organise un refinancement des créances hypothécaires à long terme, *via* la Caisse de refinancement hypothécaire qui mobilise des billets de douze à vingt ans d'échéance grâce à des fonds recueillis sur le marché financier par émission d'obligations.

Le financement des créances hypothécaires a donné lieu à une innovation importante, lancée aux États-Unis dès les années soixante-dix, qui est la *titrisation des créances*. C'est une technique qui consiste à convertir des blocs de crédits consentis par une banque en instruments négociables destinés à être cédés à des investisseurs généralement non bancaires. Ce procédé a un double avantage : l'établissement prêteur allège son bilan en sortant de celui-ci des créances qui étaient jusque-là illiquides, tout en se défaisant simultanément de la charge de leur financement. En d'autres termes, la titrisation des créances est à la fois un mode de refinancement et de gestion des risques pour les prêteurs. Le cadre juridique de la titrisation a été mis en place en France par la loi en 1988. La titrisation y est définie comme le transfert à un *fonds commun de créances* (FCC) de la propriété des créances détenues par l'établissement cédant. Le FCC a des similitudes juridiques avec les *fonds communs de placement* (FCP) qui font partie des OPCVM (*cf.* p. 32). La titrisation des créances a connu un grand succès aux États-Unis ; elle se développe rapidement en Europe ; son champ d'application ne se limite pas à l'immobilier et concerne désormais la plupart des secteurs de l'économie.

Le marché financier

Sur le marché financier sont émises et négociées les *valeurs mobilières* représentant soit des droits d'associés (actions), soit des créances à plus de sept ans (obligations), soit des produits intermédiaires entre les deux catégories.

Les émissions de titres nouveaux s'opèrent sur le *marché primaire* (ou « marché du neuf ») par l'intermédiaire de banques qui prennent en charge les préparatifs de l'émission et le placement des titres auprès du public et des investisseurs contre versement de commissions par les émetteurs. Le marché primaire intéresse les émetteurs qui souhaitent se procurer de l'argent frais. La négociation de titres antérieurement émis s'effectue sur le *marché secondaire*, la Bourse des valeurs, où ils font l'objet d'une cotation. Le marché secondaire offre aux souscripteurs la liquidité de leur placement.

Depuis 1991, le marché boursier national est unifié et organisé en plusieurs compartiments, dont chacun correspond à des exigences particulières pour les émissions et l'information du public :

— sur le *premier marché*, ou marché officiel, les valeurs mobilières peuvent être négociées soit au comptant (règlement immédiat), soit à terme (règlement mensuel). Dans ce dernier cas, les conditions — types de titres, quantités et prix — sont déterminées au jour de la négociation alors que l'exécution du contrat — livraison des titres et paiement — est reportée à une date ultérieure, appelée terme ou liquidation ;

— le *second marché*, créé en 1983, avec des règles simplifiées d'émission et une moindre ouverture au public (10 % seulement des titres de la société cotée doivent être entre les mains du public, contre 25 % pour le premier marché), est destiné à faciliter l'accès des petites et moyennes entreprises (PME) au marché financier ;

— le *nouveau marché*, ouvert en 1996 avec des règles également simplifiées, est destiné — à l'image du *Nasdaq* américain — à financer les petites entreprises technologiques à fort potentiel de croissance qui s'inscrivent dans une perspective européenne ;

— le *marché hors cote*, où se négocient les valeurs non admises sur les marché officiels, accueille deux types de sociétés : selon le jargon des spécialistes, c'est à la fois une « pépinière » pour les valeurs d'avenir, promises aux compartiments officiels, et un « cimetière » pour les valeurs en difficulté ou radiées de la cote ;

— les *marchés de produits dérivés* ont été créés pour permettre aux opérateurs de se couvrir contre les risques de perte en capital liés aux variations des cours des valeurs. Deux marchés ont été ouverts sur la place de Paris : le MATIF, marché international de France créé en 1986, où s'échangent des contrats à terme négociables pour lesquels l'engagement est ferme dès la conclusion du contrat dont seule l'exécution est différée ; et le MONEP, ouvert en 1987, marché des options négociables de Paris, sur lequel les opérations à terme sont conditionnelles, les parties ayant la possibilité de résilier le contrat contre paiement d'une prime.

La taille des marchés financiers et monétaires a littéralement explosé en France : les émissions de valeurs mobilières (actions et obligations) ont été multipliées par six de 1980 à 1998. L'encours des titres financiers et monétaires, qui ne représentait que 29 % du PIB en 1980, s'élevait à 204 % du PIB en 2000, comme on peut le constater sur le *tableau 8*. On notera, en particulier, le développement spectaculaire des titres de créance négociables (TCN), dont l'encours total a été multiplié par huit depuis leur création en 1985. La capitalisation boursière (nombre d'actions multiplié par le cours de celles-ci) de la place de Paris est parmi les plus importantes en Europe avec un montant de 1 540 milliards d'euros (10 110 milliards de francs en 2000), soit plus de 100 % du PIB.

3. L'évolution des situations et des comportements financiers

Cette montée en puissance des marchés de titres reflète les nouveaux comportements des agents non financiers, qu'il s'agisse des ménages, de l'État ou des entreprises. On a vu

TABLEAU 8. — L'EXPANSION DES MARCHÉS DE TITRES EN FRANCE

Milliards d'euros et %	*1980*	*1985*	*1990*	*2000*
Émissions nouvelles de valeurs mobilières				
— Actions + obligations (a)	20	59	85	180
En % du PIB	5	8	9	12,8
Encours en fin d'année				
— Actions + obligations (a)	124	322	614	2 396
— Titres de créance négociables	n.d.	60	256	472
— Total en % du PIB	29	53	89	204

(a) Titres participatifs inclus.

Sources : Commission des opérations de Bourse, Banque de France.

(p. 38) que les ménages ont accumulé un patrimoine financier dont la taille a doublé de 1988 à 2000. Ces derniers ont également accru significativement leur endettement auprès des banques, qui est passé de 57 % à 81 % de leur revenu disponible de 1980 à 1990 pour baisser ensuite, d'après les données de comptabilité nationale. Mais ce sont les administrations publiques qui ont le plus augmenté leur endettement : le taux d'endettement public, exprimé par rapport au PIB, est passé de 21 % à 63,7 % de 1980 à 2003. L'État a été le principal émetteur de titres sur le marché financier ces dernières années. La dette publique a pris deux formes principales : les bons du Trésor, qui font partie des titres de créance négociables (voir p. 56), et les obligations à long terme qui représentaient 54 % de la dette obligataire totale début 2004. On peut considérer, à ce sujet, que l'une des raisons principales qui ont poussé les pouvoirs publics français à moderniser les marchés des capitaux réside dans la nécessité de financer dans de bonnes conditions les déficits publics [Plihon, 1996].

Les entreprises ont également modifié leurs comportements financiers. Celles-ci ont transformé en profondeur leur mode de financement en faisant appel, dans une proportion croissante, aux marchés de capitaux : en termes de flux, les émissions de titres — actions, obligations et titres du marché monétaire — ont constitué la principale source de financement externe des entreprises au cours des années quatre-vingt-dix. En revanche, le recours au crédit bancaire, qui constituait la majeure partie du financement des entreprises en régime d'économie d'endettement, a diminué. Profitant de l'amélioration de leurs résultats, les entreprises ont généralement cherché à se désendetter auprès des banques. Toutefois, à la fin des années quatre-vingt dix, les grands groupes industriels se sont fortement endettés sur les marchés de capitaux pour financer leurs opérations de croissance externe [INSEE, 2003].

Ainsi, l'une des caractéristiques principales des nouveaux comportements de financement qui viennent d'être décrits est que les agents à besoin de financement (État et entreprises) choisissent désormais de lever massivement des fonds par émissions de titres. Ce processus qui donne une place croissante au financement par émission de titres est baptisé du terme de *mobiliérisation*. Une telle évolution constitue une transformation considérable dans le fonctionnement du système financier français. En effet, l'accroissement de la *mobiliérisation* a pour contrepartie une baisse de la part des crédits dans les financements, ce qui pose la question de la place des banques dans l'économie.

L'endettement intérieur total : un nouvel agrégat

L'avènement de l'économie de marchés financiers permet ainsi aux agents économiques de diversifier leurs sources de financement. Ceux-ci peuvent choisir entre le recours au crédit et l'émission de titres. Un agrégat global — l'*endettement intérieur total* (EIT) — a été construit par les autorités monétaires pour suivre l'ensemble des financements des agents non financiers résidents obtenus *par voie d'endettement*, soit auprès des établissements de crédit, soit sur les marchés de capitaux, tant en France qu'à l'étranger. L'EIT recense les financements hors actions obtenus par les agents non financiers résidents. Il se décompose en trois éléments :

— les crédits distribués par le système bancaire ;

— les financements obtenus sur les marchés monétaire et obligataire internes ;

— les financements — sous forme de crédits et d'émissions obligataires — reçus de l'étranger.

En encours, les crédits demeurent la source d'endettement la plus importante (48 % de l'EIT), comme le montre le *tableau 9*. Mais les financements de marché ont augmenté beaucoup plus rapidement (+ 143 % de 1993 à 2004) que les crédits bancaires (seulement + 29 %). La part des financements de marché est ainsi passée de 30 % à 42 % de l'EIT de 1993 à 2004. De même, l'appel aux financements internationaux s'est beaucoup développé (+ 232 %), même si la part de ceux-ci dans l'EIT reste encore modeste (9 %).

TABLEAU 9. — ÉVOLUTION
DE L'ENDETTEMENT INTÉRIEUR TOTAL
Encours en milliards d'euros et pourcentages

	Déc. 1993		*Janv. 2004*		*Variations 1993-2004*
	Encours	*%*	*Encours*	*%*	
1. Crédits obtenus auprès des IF résidentes (a)	*998*	*63*	*1 289*	*48*	+ *29 %*
— Ménages (b)	391		600		
— Sociétés non financières	473		551		
— Administrations publiques	134		138		
2. Crédits obtenus auprès des non-résidents (c)	*76*	*5*	*252*	*9*	+ *232 %*
3. Financements de marché	*467*	*30*	*1 137*	*42*	
— Sociétés non financières	132		306		
— Administrations publiques	335		831		+ 143 %
4. Autres (d)	*32*	*2*	*10*	*0,4*	- *70 %*
Endettement intérieur total : (1) + (2) + (3)	*1 573*	*100*	*2 688*	*100*	+ *71 %*
dont : — Ménages	391	25	600	22	+ 53 %
— Sociétés non financières	680	43	1 109	42	+ 63 %
— Administrations publiques	502	32	979	36	+ 95 %
Produit intérieur brut	1 089		1 530 (e) 1 485		+ 40 % + 36 %

(a) IF (institutions financières) = institutions financières monétaires + autres intermédiaires financiers.

(b) Ménages + institutions sans but lucratif au service des ménages.

(c) Prêts entre unités n'appartenant pas au même groupe + prêts obtenus dans le cadre d'investissements directs + crédits commerciaux.

(d) Financement monétaire du Trésor public et de La Poste.

(e) Décembre 2003.

Source : Banque de France.

Cette transformation de la structure de l'EIT, avec le poids croissant pris par les financements de marché par rapport aux crédits bancaires, est le résultat des processus de *marchéisation* et de *mobiliérisation* des financements qui caractérisent l'économie de marchés financiers. On constate que les entreprises, et surtout les administrations publiques dont l'endettement a augmenté de 83 % entre 1993 et 2002, sont les principales bénéficiaires de ce nouveau régime de financement dans la mesure où elles sont les principales émettrices de titres sur les marchés.

4. Les nouvelles formes d'intermédiation

Le développement de la finance de marché entraîne un recul des opérations bancaires traditionnelles qui consistent à faire des crédits et à gérer des dépôts. L'on constate effectivement que la part des crédits et des dépôts dans le bilan des banques a fortement baissé : de 1980 à 2002, la part des crédits à la clientèle dans l'actif des banques commerciales a régressé de 84 % à 38 %, tandis que la part des dépôts de la clientèle a chuté de 73 % à 27 % (*tableau 10*). Mais, dans le même temps, les banques ont élargi la gamme de leurs opérations en profitant du développement des marchés de titres. En effet, les banques participent de plus en plus au financement de l'économie par l'achat de titres, qu'il s'agisse de titres à court terme du marché monétaire (TCN) ou de valeurs mobilières (actions et obligations). Ainsi, *à l'actif* des banques, la part des titres a presque décuplé, passant de 5 % en 1980 à 47 % de 1980 à 2002. Parallèlement, une proportion croissante des ressources bancaires est collectée sur les marchés par l'émission de titres (certificats de dépôts, obligations et actions) dont le poids *au passif* a bondi de 6 % à 52 % sur la même période. On assiste ainsi à un processus de *mobiliérisation* des bilans bancaires, c'est-à-dire qu'une part de plus en plus grande du bilan et de l'activité des banques a pour support les titres.

Les nouvelles modalités de la création monétaire

Désormais, les banques émettent de la monnaie non seulement à l'occasion de leurs opérations de crédit, mais

TABLEAU 10. — STRUCTURES DU BILAN DES BANQUES AFB* DE 1980 À 2000

Actif (en %)	*1980*	*2002*
Crédits à la clientèle	84	38
Titres	5	47
Valeurs immobilisées	9	7
Divers	2	8
Total de l'actif	*100*	*100*
Passif (en %)		
Opérations interbancaires (solde)	13	10
Dépôts de la clientèle	73	45
Titres	6	52
Divers	0	7
Fonds propres et provisions	8	9
Total du passif	*100*	*100*

* L'Association française des banques (AFB) regroupe la plus grande partie des banques, l'autre partie correspondant au réseau mutualiste et coopératif.

Source : D. Plihon, d'après les données de la commission bancaire.

également en contrepartie de leurs opérations de financement par achats de titres. Dans le cadre du régime d'économie d'endettement, la création monétaire s'effectuait principalement à l'occasion des opérations de crédit. Dans le nouveau régime, les banques créent également de la monnaie en contrepartie de leurs financements par acquisition de titres sur les marchés. Ainsi, les modalités de la création monétaire se sont diversifiées. Le crédit n'est plus qu'une des sources de la création monétaire.

De plus, les crédits créent moins de dépôts dans la mesure où la part des dépôts diminue dans le bilan des banques et dans les actifs financiers détenus par les agents non financiers (*tableau* 5, p. 37). Le fait que ces derniers se portent de plus en plus vers des actifs autres que les dépôts bancaires, tels que les parts de SICAV monétaires, constitue une « fuite » dans le système bancaire *stricto sensu*. Il en résulte une diminution du pouvoir de création monétaire des banques.

La finance : quelques notions de base

Le rôle du système financier est d'assurer le financement des agents déficitaires en mobilisant les ressources des agents ayant des capacités de financement. On distingue deux circuits de financement :
— la *finance directe* : les épargnants financent directement les acteurs déficitaires en achetant les titres émis par ces derniers sur les marchés ; ce financement est qualifié de non monétaire car il se réalise à partir d'une épargne préexistante ;
— la *finance indirecte ou « intermédiée »* : les intermédiaires financiers (IF) s'interposent entre les agents à besoin de financement et les agents à capacité de financement. Les banques constituent la principale catégorie d'IF ; leur spécificité est d'émettre une dette monétaire (les dépôts) en contrepartie de leur financement.

L'existence des IF et de la finance indirecte est expliquée par trois séries de facteurs :
1. la réalisation d'*économies d'échelle* : en travaillant sur des montants élevés et avec un grand nombre de clients, les IF peuvent obtenir des coûts unitaires plus bas que dans le cas où les opérations financières sont effectuées par des agents individuels ;
2. la réduction des *asymétries d'information* : la relation entre prêteur et emprunteur, qui est au centre de la finance, est souvent frappée d'asymétries d'information au sens où l'emprunteur a généralement plus d'information sur le projet à financer que le prêteur. Les IF permettent de réduire ces asymétries d'information et contribuent ainsi à faciliter l'allocation des financements dans l'économie. Par exemple, lorsqu'une entreprise demande un financement à sa banque, cette dernière est bien placée pour évaluer la solvabilité de son client car elle gère ses comptes et connaît l'état de sa situation financière ;
3. le rôle des IF est de rendre compatibles les demandes des agents prêteurs et emprunteurs qui n'ont pas en général les mêmes préférences. Ainsi, un épargnant cherche souvent des placements liquides et peu risqués tandis qu'une entreprise emprunteuse peut avoir besoin d'un financement à long terme pour un projet comportant des risques. Pour réaliser cette « interface » entre prêteurs et emprunteurs, les banques « transforment » les trois caractéristiques principales des dettes et des créances des agents non financiers (le terme, le taux d'intérêt et le risque) :
— transformation d'échéance : financement à long terme à partir de ressources liquides ;
— transformation des taux : prêts à taux variables (indexés sur les conditions du marché) financés sur ressources à taux fixes (par exemple les taux administrés) ;
— transformation des risques : financement de crédits d'équipement des entreprises sur ressources immédiatement exigibles et sans risques (dépôts à vue).

Le rôle des banques et des intermédiaires financiers

Que peut-on dire sur la place des banques dans l'économie dans ce nouveau contexte de l'économie de marchés financiers ? Pour répondre à cette question, les autorités monétaires ont élaboré un indicateur, le *taux d'intermédiation*, qui mesure la part des financements réalisés par les intermédiaires financiers par rapport aux financements totaux. Il y a deux mesures possibles du taux d'intermédiation :
— le taux d'intermédiation étroit (T1) : part des crédits bancaires dans le total des financements ;
— le taux d'intermédiation large (T2) : part des financements effectués par l'ensemble des intermédiaires financiers.

TABLEAU 11. — ÉVOLUTION DU TAUX D'INTERMÉDIATION

En % des financements totaux (encours)	*1978*	*1988*	*1992*	*2003*
Taux d'intermédiation étroit (T1) : Crédits/financements totaux	71,0	61,5	58,9	39,1
Taux d'intermédiation large (T2) : Financements intermédiés/financements totaux	79,0	79,7	76,3	64,3
— par les établissements de crédit	76,0	69,3	63,5	44,2
— par les entreprises d'assurance	2,3	3,9	5,8	11,9
— par les OPCVM	0,7	6,5	6,9	8,3

Sources : Banque de France.

On constate sur le *tableau 11* que la part des crédits bancaires dans les financements totaux (T1) a sensiblement baissé, passant de 71 % en 1978 à 39,1 % en 2003. D'après cet indicateur, l'importance des banques dans le financement de l'économie a diminué. On qualifie de *désintermédiation* bancaire cette diminution de la part des banques.

Mais il faut tenir compte de deux autres éléments pour mesurer l'intermédiation financière : d'une part, il y a le processus de « mobiliérisation », c'est-à-dire que les intermédiaires financent l'économie en achetant des titres ; d'autre part, l'intermédiation financière — au sens défini dans l'*encadré* (p. 65) — n'est pas uniquement le fait des banques, mais également des OPCVM et des sociétés d'assurance. En effet, ces intermédiaires participent au financement de l'économie, comme les banques, dans la mesure où ils collectent des ressources auprès du public avec lesquelles ils achètent des titres émis par les entreprises, les banques et le Trésor. On constate que le taux d'intermédiation large (T2) a connu une baisse deux fois moindre, de 79 % à 64 %, que le taux étroit (T1) depuis la fin des années soixante-dix. Ces résultats montrent que, pris globalement, les intermédiaires financiers (banques, OPCVM et sociétés d'assurance) continuent de jouer un rôle important dans le financement de l'économie. On peut observer, à ce sujet, que l'État est considéré par la banque de France comme un agent non financier. Or l'État exerce, entre autres fonctions, une activité de nature bancaire ; celui-ci gère de la monnaie (CCP), fait des prêts et prend des participations : c'est le « circuit du Trésor ». En fin de compte, la montée en puissance des marchés financiers n'entraîne pas de « désintermédiation » financière. En effet, pour fonctionner, les marchés financiers ont besoin de l'intervention d'intermédiaires. Il y a donc complémentarité entre la finance de marché et la finance « intermédiée » [Plihon, 1999a].

Le principal changement vient de ce que les banques sont de plus en plus concurrencées par les intermédiaires financiers non bancaires (IFNB). Encore faut-il relativiser cette conclusion car, en France, les OPCVM sont contrôlés à hauteur de 80 % par les grandes banques. De même, on assiste à une intégration croissante entre les activités de banque et d'assurance au sein des principaux groupes bancaires et financiers, tels que BNP-Paribas ou Société générale : c'est ce qu'on appelle la « bancassurance ». Au total, les produits de placement offerts par les OPCVM, ainsi que les placements en assurance vie, sont pour la plupart diffusés et gérés par les grands réseaux bancaires qui offrent ainsi une gamme complète d'actifs à leur clientèle, allant de la monnaie aux placements à plus long terme. Cette évolution va de pair avec le constat, déjà mentionné (p. 38), selon lequel la frontière est de plus en plus floue entre les différents types d'actifs liquides.

V / La dimension internationale des monnaies

Les monnaies nationales circulent de plus en plus à l'extérieur des pays où elles sont émises par suite du développement des échanges internationaux de biens, de services et de capitaux. La libéralisation financière, qui a aboli les frontières réglementaires entre les espaces nationaux, a abouti à la création d'un marché planétaire des capitaux : c'est la globalisation financière. Les monnaies circulent à l'échelle mondiale sur deux grands marchés, le marché des changes sur lequel les devises sont échangées entre elles (1), et le marché international des capitaux où les différentes monnaies font l'objet d'opérations de prêts et d'emprunts de la part des acteurs internationaux tels que les banques et les entreprises multinationales (2). Ce chapitre commence par présenter les caractéristiques principales de ces marchés. Ensuite, il explique comment s'établissent les relations entre les monnaies nationales à l'échelle internationale d'après l'analyse économique (3). La dernière partie est consacrée à l'évolution du système monétaire international, en mettant l'accent sur les conséquences de la globalisation financière et de la création de l'euro (4).

1. Le marché des changes, un marché planétaire

Le marché des changes est le plus important des marchés du fait de sa dimension « planétaire ». Il y a, en effet, un seul marché des changes dans le monde. Les transactions sur une devise (par exemple l'euro) peuvent prendre place aussi bien à Paris, à Londres ou à New York. La confrontation des offres et des demandes de devises n'implique pas que les offreurs et demandeurs se rencontrent physiquement. Ceux-ci communiquent par des instruments modernes de transmission (téléphone, télex, courrier électronique...), complétés par des réseaux d'information spécialisés (Reuters, Telerate) et des systèmes informatiques permettant d'effectuer et d'enregistrer rapidement les opérations. De plus, le marché des changes *fonctionne en continu*, étant ouvert successivement sur chacune des principales places financières en Extrême-Orient, en Europe et en Amérique du Nord. Les cours de change sont ainsi cotés vingt-quatre heures sur vingt-quatre. Autre caractéristique, le marché des changes est une organisation économique largement non réglementée, ou plutôt *autoréglementée*, car les règles de fonctionnement y sont souvent implicites et édictées par les agents privés.

Au total, le marché des changes se présente comme un *marché-réseau* qui transcende les espaces économiques nationaux ainsi que les fuseaux horaires et contribue à unifier l'économie mondiale [Plihon, 2001]. Le marché des changes est souvent considéré comme le plus *parfait* (ou le plus *efficient*) des marchés au sens où les cours de change, qui sont les prix des monnaies exprimées les unes par rapport aux autres, reflètent d'une manière rapide et complète toute l'information disponible.

Un marché interbancaire

Trois groupes d'acteurs économiques contribuent au fonctionnement du marché des changes :
— les entreprises, les gestionnaires de fonds et les particuliers qui se situent en amont du marché ;
— les autorités monétaires, et plus particulièrement les banques centrales ;
— les banques et les courtiers qui assurent le fonctionnement quotidien du marché : ce sont les « professionnels » du marché.

Les premiers transmettent aux banques et aux courtiers des ordres dits de « clientèle » pour l'achat ou la vente de devises. Les autorités monétaires interviennent sur le marché pour régulariser ses fluctuations et éventuellement pour réglementer les opérations de change. Les courtiers ne jouent qu'un rôle d'intermédiaires.

Le marché des changes est d'abord un *marché interbancaire* car la plus grande part des opérations d'achat et de vente de devises sont réalisées entre banques. C'est un marché très concentré : 80 % des transactions sont effectuées par quarante établissements opérant à partir des huit principales places financières dans le monde. Il en résulte que le marché des changes est d'abord un *marché de gros* sur lequel la valeur unitaire des transactions est élevée. La dimension globale du marché des changes a littéralement explosé au cours des années récentes : le volume quotidien des opérations sur l'ensemble des places financières a presque triplé de 1989 à 1998, passant de 590 à 1 500 milliards de dollars (soit le montant du PIB annuel de la France), comme l'indique le *tableau 12* ; en revanche, le volume du marché a diminué de près de 20 % de 1998 à 2001, par suite de la création de l'euro en 1999 qui a entraîné la disparition de onze monnaies en Europe, du courtage électronique, de la concentration croissante des banques et des grandes entreprises. Le dollar est de loin la devise la plus échangée : en 2001, 85 % des transactions de change mettent en jeu la monnaie américaine pour un côté de l'opération, la deuxième place revenant à l'euro avec une part de 43 % (*tableau 15*, p. 85).

TABLEAU 12. — ACTIVITÉ SUR LES MARCHÉS DES CHANGES
MOYENNES JOURNALIÈRES SUR L'ENSEMBLE
DES PLACES FINANCIÈRES*
En milliards de dollars

Catégorie	*1989*	*1998*	*Variation 1989-1998*	*2001*	*Variation 1998-2001*
Ensemble des opérations	*590*	*1 490*	*152,5 %*	*1 200*	*– 19,5 %*
Dont : opérations au comptant	317	568	79,1 %	387	– 31,9 %
opérations à terme et swaps	217	862	297,2 %	787	– 8,7 %

* Ajusté pour éviter les doubles comptabilités.

Source : Banque des règlements internationaux, enquête triennale de 2001.

Les échanges commerciaux n'expliquent à eux seuls qu'une faible part de l'activité globale du marché des changes. Aujourd'hui, l'essentiel des opérations de change est la contrepartie d'opérations financières (par exemple, l'achat et la vente de titres étrangers) dont l'importance est devenue prépondérante dans les échanges entre pays. On estime que les opérations de change induites par des opérations financières sont, en moyenne, soixante-dix fois supérieures au montant des échanges internationaux de biens et services. La plupart des transactions de change ont un horizon très court : plus de 80 % des opérations d'achat ou de vente de devises donnent lieu à une opération de sens inverse dans l'espace d'une semaine, ce qui montre le caractère spéculatif de ce marché.

2. L'essor rapide des marchés internationaux des capitaux

Les marchés internationaux de capitaux sont le théâtre des opérations de *prêts* et d'*emprunts* dans les différentes monnaies, à la différence du marché des changes où sont effectuées les opérations d'*achat* et de *vente* des monnaies entre elles. Les prix qui se forment sur les marchés de capitaux sont les *taux d'intérêt*, qui représentent le coût des financements, tandis que les prix qui équilibrent les opérations de change sont les *taux de change*.

À l'instar des marchés domestiques, les marchés internationaux de capitaux s'organisent en trois compartiments principaux : les prêts bancaires internationaux, les obligations internationales et les instruments monétaires. La taille de ces marchés a connu une croissance très forte : de 1985 à 2003, les encours ont été multipliés par dix pour les actifs bancaires, et par vingt pour les obligations, comme le montre le *tableau 13*. On constate un développement beaucoup plus rapide du marché des titres que du marché bancaire, comme pour le marché français (voir p. 62). Ce dynamisme des marchés internationaux de capitaux s'explique principalement par trois séries de facteurs :

— la diversification internationale des portefeuilles opérée par les *investisseurs institutionnels* , selon les classifications habituelles, les investisseurs institutionnels (les « zin-zin ») regroupent trois types d'institutions : les organismes de placement collectif (OPCVM), les compagnies d'assurances et les fonds de pension ;

— la vague de *fusions-acquisitions* dans l'économie mondiale qui nécessite d'importants financements ;

— la mise en place graduelle de l'Union économique et monétaire qui a agi comme un catalyseur dans le développement des *opérations transfrontalières* en Europe.

TABLEAU 13. — MARCHÉ DES FINANCEMENTS INTERNATIONAUX

Encours (a) en milliards de dollars

	1985	*1990*	*2003 (b)*
Actifs bancaires internationaux (c)	1 181	6 298	12 694
Obligations internationales	572	1 489	11 112
Instruments du marché monétaire	—	89	570

(a) Nets des remboursements ; (b) Fin septembre 2003 ; (c) Des banques des pays déclarant à la BRI.

Source : Banque des règlements internationaux.

Les principaux emprunteurs sur ces marchés sont les entreprises et les banques multinationales, ainsi que les États. Ces derniers sont particulièrement actifs sur les marchés obligataires internationaux pour financer leurs déficits publics. À titre d'illustration, de 20 % à 30 % de la dette publique française est détenue par des non-résidents. Du côté des prêteurs, deux catégories d'acteurs jouent un rôle prépondérant : les banques et les investisseurs internationaux. Sur le marché international du crédit, plus de la moitié des opérations est de nature interbancaire ; quant aux opérations de prêts à la clientèle, elles prennent essentiellement la forme de *crédits consortiaux* : étant donné l'importance et le risque de ces opérations, les banques se regroupent, en syndicats ou consortiums, pour accorder des facilités financières aux entreprises.

La montée en puissance des investisseurs institutionnels sur les marchés internationaux des titres, conséquence du développement de la gestion collective de portefeuille, est un des traits caractéristiques du processus de globalisation financière [Plihon, 1999b]. L'importance des investisseurs institutionnels ressort du volume des actifs financiers gérés par ceux-ci : près de 30 000 milliards de dollars en 1998, d'après les estimations de l'OCDE, montant qui dépasse le PIB global des principaux pays industrialisés. Près de 50 % de ces actifs sont détenus par les investisseurs américains.

3. Les relations entre les monnaies à l'échelle internationale

Puisque les monnaies circulent à l'échelle mondiale, elles sont comparées les unes aux autres en permanence. Aussi, l'analyse économique a-t-elle cherché à établir les relations existant entre les monnaies : la théorie de la *parité du pouvoir d'achat des monnaies* (PPA) s'intéresse aux liens entre les taux de change et les prix des biens et services exprimés dans les différentes monnaies, tandis que les approches en termes de *parités des taux d'intérêt* montrent les relations entre taux de change et taux d'intérêt.

La parité du pouvoir d'achat des monnaies

La théorie de la PPA est l'une des plus anciennes théories explicatives de la détermination des taux de change dont l'origine remonte au XVIe siècle et qui a été formalisée en 1914 par l'économiste suédois Cassel [Plihon, 2001]. L'hypothèse de départ de la théorie de la PPA est simple : la valeur d'une monnaie est déterminée par le montant de biens et services qu'elle permet d'acquérir dans son pays d'émission par rapport à ce qu'elle permet d'acheter à l'étranger. La valeur d'une monnaie est donc fonction de son *pouvoir d'achat relatif*, qui est calculé en comparant son pouvoir d'achat sur son marché interne et à l'étranger. Le pouvoir d'achat d'une monnaie sur un marché évolue en raison inverse du niveau général des prix (plus les prix sont élevés dans un pays, moins le pouvoir d'achat d'une unité monétaire est important).

Il y a deux versions de la théorie de la PPA : la *version absolue* considère qu'en longue période la valeur d'une monnaie par rapport à une autre est déterminée par le rapport des pouvoirs d'achat internes de ces deux monnaies, mesuré par le rapport des prix dans les deux pays considérés. La PPA est vérifiée si le pouvoir d'achat d'une monnaie nationale est identique sur le marché intérieur et à l'étranger ; par exemple, si la parité dollar/yen respecte la PPA, un consommateur américain peut acquérir avec 100 dollars le même panier de biens sur les marchés américain et japonais. Elle implique que : $E = P/P^*$, où E est le taux de change (nombre d'unités de monnaie nationale par unité de monnaie étrangère), P et P^* sont respectivement les niveaux des indices des prix domestique et étrangers. Le taux de change se déduirait, selon cette approche, d'un simple rapport entre deux indices de prix.

La *version relative* de la PPA découle de la version absolue, tout en étant moins restrictive. Elle n'implique pas, en effet, que le *niveau* du taux de change soit égal au rapport du *niveau absolu* des prix domestiques et étrangers, mais plutôt que les *variations* du taux de change soient égales à l'écart entre les *variations* des prix domestique et étrangers. En d'autres termes, les variations relatives du taux de change se déduisent de l'écart d'inflation entre pays : $e = p - p^*$, où e est la variation relative du taux de change, p et p^* sont les variations relatives des prix domestique et étrangers. La PPA relative est vérifiée si, lorsque la hausse des prix aux États-Unis est supérieure de 10 points à celle enregistrée au Japon, le dollar se déprécie de 10 points contre le yen : en ce cas, les deux monnaies considérées gardent le même pouvoir d'achat, puisque la hausse des prix plus élevée aux États-Unis est compensée par une baisse du taux de change du dollar contre le yen.

La PPA est la théorie du change la plus connue, sans doute en raison de sa simplicité. Pourtant, cette approche souffre d'importantes limites. Elle suppose vérifiée la *loi du prix unique*, selon laquelle chaque marchandise ne peut avoir qu'un seul prix, quelle que soit la monnaie utilisée pour l'exprimer. Or cette loi repose sur une hypothèse d'équilibre général et de concurrence à l'échelle internationale, ce qui est loin de correspondre à la réalité. En effet, l'intégration économique est imparfaite dans l'économie mondiale ; les biens produits sur les différents marchés nationaux ne sont pas parfaitement substituables. Cette imperfection est surtout liée à des comportements microéconomiques : d'une part, les consommateurs n'ont aucune raison d'avoir les mêmes préférences d'un pays à l'autre ; d'autre part, pour maximiser leurs profits, les entreprises fixent des prix rigides en monnaie nationale et différenciés d'un marché à l'autre. Ainsi, la PPA ne peut s'appliquer dans le court terme, les prix de marchandises étant bien plus inertes que les taux de change.

La théorie de la PPA a suscité un grand nombre de travaux empiriques, menés notamment au CEPII [1995], qui montrent que cette approche n'est pas vérifiée, même en longue période. On observe en effet de profondes disparités entre les niveaux de prix des pays après conversion dans le même numéraire. L'instabilité des taux de change, qui s'est amplifiée depuis l'abandon des changes fixes au début des années soixante-dix (voir p. 81), a entraîné des déviations durables des taux de change par rapport au niveau correspondant au respect de la PPA. À titre d'illustration, l'OCDE a calculé qu'en 1990 les prix américains étaient inférieurs de 30 % aux prix allemands et de 35 % aux prix japonais exprimés en dollars. Les trois monnaies considérées — dollar, mark et yen — étaient loin de satisfaire aux conditions de la PPA !

Faut-il rejeter totalement la notion de PPA ? La réponse est que cette approche n'est pas une théorie explicative satisfaisante, mais constitue cependant une référence de long terme utile, souvent utilisée par les économistes et les opérateurs, pour évaluer l'évolution des taux de change.

Arbitrages entre les monnaies et parités des taux d'intérêt

Les monnaies sont empruntées et échangées sur les marchés internationaux pour de multiples raisons. L'acquisition d'une monnaie peut avoir un motif commercial (ou de transaction) : par exemple, payer l'importation d'une marchandise libellée dans cette devise. La théorie de la PPA, qui vient d'être présentée, établit une relation entre les monnaies précisément sur la base de ces échanges de biens.

Mais les monnaies sont également échangées dans le but de réaliser des opérations financières, ce qui correspond à l'essentiel des transactions sur le marché des changes (*cf.* p. 70). Parmi ces opérations figurent en bonne position les arbitrages effectués entre les monnaies. On appelle *arbitrages* les opérations qui visent à réaliser un profit en tirant parti des différences momentanées entre les cours de change et les taux d'intérêt sur plusieurs places financières.

• *Les relations de parité des taux d'intérêt.* — Keynes est le premier économiste à avoir montré en 1923 le rôle central des taux d'intérêt dans les relations entre les monnaies, introduisant ainsi la notion de *parité des taux d'intérêt*. En effet, les arbitragistes cherchent à gagner de l'argent en arbitrant non seulement sur les cours de change, mais aussi sur les écarts de taux d'intérêt entre les monnaies. Trois groupes d'agents réalisent ces opérations : les banques, les gestionnaires de fonds ou *traders*, et les entreprises multinationales. On distingue généralement deux types d'arbitrages selon que les arbitragistes restent couverts ou prennent un *risque de change*. Un agent est dans une situation de risque de change lorsque les variations du taux de change engendrent des gains ou des pertes dans son patrimoine. L'exposition au risque de change provient du fait que les avoirs et engagements dans une devise étrangère ne sont pas équilibrés : l'agent est en *position de change*.

Pour se couvrir, c'est-à-dire se protéger contre le risque de change, un agent peut effectuer une opération à terme. Par exemple, une entreprise française qui doit payer dans trois mois une importation facturée en dollars procède à un achat à terme (à trois mois) de dollars auprès de sa banque. L'opération à terme se caractérise par le fait que la devise ne sera livrée que dans trois mois, mais le prix (taux de change à terme) en est fixé immédiatement, ce qui protège l'importateur contre les fluctuations futures du taux de change.

• *La parité des taux d'intérêt couverte.* — Si un opérateur cherche à obtenir des gains en jouant sur les monnaies, sans prise de risque de change, il peut réaliser un *arbitrage sur taux d'intérêt couvert en change*. Par exemple, supposons que l'écart entre le taux d'intérêt de l'euro et celui du dollar soit supérieur au différentiel de change (exprimé en pourcentage du cours au comptant) entre le cours au comptant et le cours à terme d'une monnaie pour la même échéance (trois mois, par exemple). Une opération d'arbitrage couverte profitable peut être réalisée (1) en achetant de l'euro au comptant pour se placer sur la monnaie la mieux rémunérée, et (2) en vendant à terme de l'euro contre du dollar. Cette double opération permet de profiter de l'écart de taux d'intérêt favorable à l'euro tout en étant couvert contre le risque de change. Les arbitrages se produisent tant qu'il y a une différence entre le coût de la couverture (le différentiel de change) et l'écart des taux d'intérêt. À l'équilibre on a l'égalité : I – I* = (F – E) / E, dans laquelle I et I* sont les taux d'intérêt sur l'euro et sur le dollar, F et E sont les cours de change à terme et au comptant entre l'euro et le dollar. Cette relation, formalisée pour la première fois par Keynes en 1923, décrit la *parité couverte des taux d'intérêt.*

• *La parité des taux d'intérêt non couverte.* — Les opérateurs cherchent également à réaliser des gains en s'exposant au risque de change : ce sont les *arbitrages sur taux d'intérêt non couverts en change.* Par exemple, l'opérateur est incité à effectuer un arbitrage non couvert entre l'euro et le dollar si, pour une échéance donnée (par exemple trois mois), l'écart de taux d'intérêt en faveur de l'euro est supérieur au taux de dépréciation anticipé de l'euro contre dollar. L'opération consiste (1) à emprunter du dollar et (2) à acheter de l'euro pour le placer à un taux plus rémunérateur. À l'équilibre, une fois les arbitrages réalisés, on a l'égalité : I – I* = (E' – E) / E, où E' est le taux de change dollar / euro anticipé dans le futur et les autres variables ont la même signification que précédemment.

Cette nouvelle relation décrit la *parité des taux d'intérêt non couverte* (PTINC). Elle joue un rôle central dans les relations monétaires internationales. La PTINC décrit, en effet, les principaux déterminants des mouvements internationaux de capitaux, à savoir les écarts de taux d'intérêt entre les monnaies, d'une part, et les anticipations de change des opérateurs, d'autre part.

La PTINC est fondée sur l'hypothèse que les *arbitrages sont parfaits*, c'est-à-dire que les actifs financiers sont parfaitement substituables. Les opérateurs sont supposés être indifférents quant aux risques présentés par les différents titres entre lesquels ils arbitrent, c'est-à-dire que les rendements anticipés des actifs en différentes monnaies sont égaux. Par exemple, si l'euro bénéficie d'un taux d'intérêt supérieur de 2 % à celui du dollar, il faut que la monnaie américaine soit anticipée comme devant s'apprécier de 2 % en rythme annuel par rapport à l'euro pour qu'un placement soit aussi rémunérateur dans les deux monnaies.

Dans la réalité, la PTINC est loin d'être strictement vérifiée, comme le montrent les études empiriques [Oliveira-Martins et Plihon, 1993]. On constate l'existence d'une *prime de risque* sur certaines monnaies, signe d'une *imparfaite substituabilité* des actifs libellés dans les différentes devises. Une explication de la prime de risque est que le système monétaire international (SMI) est hiérarchisé et qu'il existe de profondes *asymétries entre les monnaies*, surtout par rapport au dollar. La monnaie américaine bénéficie d'une prime de risque « négative » — elle est considérée comme moins risquée — du fait de sa primauté dans le SMI.

4. Les transformations du système monétaire international

Les relations monétaires internationales sont organisées dans le cadre d'un système monétaire international (SMI) selon un ensemble de règles (stabilité des taux de change, convertibilité des monnaies, etc.), d'infrastructures (marché des changes, réseaux de communication, etc.) et d'institutions (Fonds monétaire international – FMI –, banques centrales, etc.).

Les fonctions du SMI

Un SMI a trois fonctions principales :
— *assurer l'échange et la circulation des monnaies* : il s'agit de régler deux types de problèmes. C'est tout d'abord la question de la *convertibilité des monnaies nationales*, c'est-à-dire la possibilité d'échanger une monnaie contre d'autres devises. La convertibilité peut être totale, comme c'est la situation de la plupart des monnaies ; une monnaie peut être inconvertible, ce qui fut le cas du rouble soviétique. Le deuxième problème est celui du *régime de change*, c'est-à-dire les principes qui régissent les relations entre les monnaies. Le SMI peut se caractériser par l'existence — ou l'absence — de règles quant à la stabilité des taux de change. Il existe deux solutions extrêmes : les *changes flottants* (la banque centrale n'a pas d'objectif de change et laisse fluctuer le cours de sa

monnaie au gré de l'offre et de la demande sur le marché des changes), et les *changes fixes* (la banque centrale s'engage à maintenir la parité de sa monnaie à un niveau stable, selon des règles préalablement définies) ;
— *permettre l'ajustement des balances des paiements* : les déséquilibres entre les recettes et les dépenses enregistrées en balance des paiements posent des problèmes d'ajustement qui sont résolus de manière différente selon les règles de fonctionnement du SMI. L'*ajustement automatique* correspond à la situation où on laisse jouer les mécanismes économiques supposés rétablir spontanément l'équilibre des comptes extérieurs. Le plus souvent, il y a un *ajustement dirigé*, au sens où le retour à l'équilibre est obtenu à l'aide de mesures de politique économique (modification du taux de change, contrôle des importations ou des capitaux, etc.). Les pays peuvent également être contraints, par le FMI par exemple, de pratiquer des politiques d'ajustement pour réduire leur déficit et leur endettement extérieurs ;
— *assurer l'alimentation en liquidités internationales* : il s'agit des mécanismes et des règles qui permettent de fournir à l'économie mondiale la monnaie nécessaire aux échanges internationaux de biens, de services et de capitaux. Les liquidités internationales sont, en premier lieu, les réserves officielles des États. Celles-ci se composent de l'or et des devises détenus par les banques centrales, et des droit de tirages spéciaux (DTS) qui sont des lignes de crédit auprès du FMI. Les réserves sont utilisées par les banques centrales pour agir sur les taux de change et pour financer le solde de la balance des paiements. En second lieu, les liquidités internationales sont constituées par les monnaies utilisées par les agents privés dans leurs transactions internationales. À ce sujet, deux types d'organisation du SMI peuvent être distingués : un SMI organisé autour d'une monnaie unique, comme ce fut le cas sous le régime de l'étalon-or (1850-1914), comme on l'a vu p. 7. La deuxième possibilité est que des monnaies nationales fassent office de liquidités monétaires internationales, ce qui correspond à la situation actuelle dans laquelle ce rôle est joué par plusieurs monnaies, essentiellement le dollar, l'euro et le yen.

La manière dont le SMI remplit ses trois grandes fonctions a considérablement évolué sous l'effet de la libéralisation et de la globalisation financières. Celles-ci ont entraîné le passage d'un SMI dans lequel les politiques publiques jouaient un rôle important à un SMI largement régulé par les mécanismes de marché, avec des taux de change qui flottent et des capitaux circulant librement, comme le montre le *tableau 14*.

TABLEAU 14. — LES MARCHÉS SUPPLANTENT LA RÉGULATION PUBLIQUE DANS LE SMI ACTUEL

Système de Bretton Woods (1944-1971)	*Système post-Bretton Woods*
Alimentation en liquidités internationales	
Liquidité dépendant de l'offre du pays à devise clé Création d'une liquidité internationale publique : le DTS	Offre privée de liquidités parfaitement élastiques : eurodevises Création d'un marché mondial des liquidités : globalisation
Échange et circulation des monnaies nationales	
Régime de changes fixes Contrôle des changes	Changes flottants Libéralisation financière
Ajustement des balances de paiements	
Contrainte d'équilibre de la balance courante Politiques d'ajustement par le change et le contrôle de la demande interne Faiblesse et stabilité des capitaux	Recours à l'endettement international L'ajustement passe davantage par les marchés : flexibilité des changes, entrées de capitaux Autonomie et instabilité des capitaux

Les transformations du SMI apparaissent particulièrement importantes dans deux domaines : les régimes de change et les liquidités monétaires internationales.

Les régimes de change

Au cours des dernières décennies, le SMI a fonctionné avec plusieurs types de régimes de change. Trois critères permettent de classer ces régimes de change : le degré de rigueur de la règle de change (des changes flottants purs aux changes rigoureusement fixes) ; le degré de mobilité des capitaux (de la mobilité nulle à la mobilité parfaite) ; le degré de sensibilité des objectifs de la politique monétaire aux contraintes extérieures (des politiques autonomes aux politiques communes). Ces trois conditions ne peuvent être satisfaites simultanément : c'est le *théorème d'impossibilité* selon lequel il est impossible de combiner des changes fixes, la mobilité parfaite des capitaux et des politiques monétaires indépendantes.

Les régimes de change diffèrent selon la manière dont ces trois critères sont combinés. Cette combinaison peut être représentée par un triangle équilatéral, appelé *triangle de Mundell* du nom de l'économiste américain, prix Nobel d'économie en 1999, qui a formalisé le premier cette analyse. Le *graphique 3*, fondé sur le triangle de Mundell, donne une représentation des différents régimes de change et de leur évolution depuis la Seconde Guerre mondiale. On constate une grande dispersion des régimes de change à l'intérieur du triangle depuis la fin de la Seconde Guerre mondiale.

Le *système de Bretton Woods* (1944-1971) se situe au sommet du triangle car ce SMI est fondé sur un régime de changes fixes, avec une obligation des pays de corriger leurs déséquilibres de balances des transactions courantes (forte contrainte extérieure). Pour la décennie suivante (1971-1980), le centre de gravité du *SMI post-Bretton Woods* se déplace vers le sommet sud-est, correspondant au flottement des monnaies et à une mobilité plus forte des capitaux, ce qui est supposé donner une plus grande autonomie aux politiques monétaires.

Ensuite, les années quatre-vingt se caractérisent par la recherche d'une stabilisation des changes et par une coopération monétaire internationale plus grande (accords du Plazza de 1985 et du Louvre de 1987). Le *système monétaire européen* (1979-1993) met en place un régime de changes fixes, ce qui contraint fortement les politiques monétaires des pays membres. Le centre de gravité du SMI se dirige alors vers le sommet sud-ouest du triangle de Mundell.

Les années quatre-vingt-dix enregistrent un vaste mouvement de libéralisation financière et une instabilité accrue des taux de change. Le système monétaire européen implose en 1993 sous l'effet des attaques spéculatives. Les crises de change se multiplient dans le monde, notamment au Mexique

GRAPHIQUE 3. — TYPOLOGIE DES RÉGIMES DE CHANGE
LE TRIANGLE DE MUNDELL

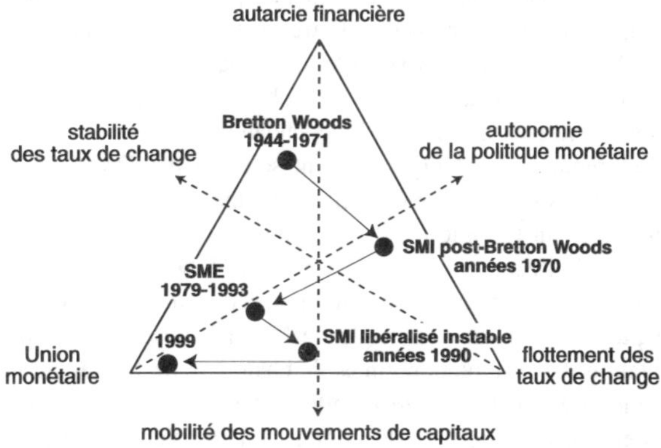

(1994), en Asie du Sud-Est (1997), en Russie (1998) et au Brésil (1999).

L'instauration à partir de 1999 de l'Union monétaire européenne (UEM), avec la création de l'euro, introduit une fixité parfaite et inaliénable des changes entre les monnaies participant à la zone euro. L'UEM se traduit par une perte de souveraineté monétaire des États membres puisqu'il y a désormais une politique monétaire unique menée par la Banque centrale européenne (*cf.* p. 92). Cette situation est décrite par le sommet sud-ouest du triangle de Mundell.

Vers un SMI polycentrique

Une monnaie peut être considérée comme une monnaie internationale si elle remplit les trois fonctions essentielles :
— *réserve de valeur* pour les banques centrales (réserves de change) ou pour les agents privés (actifs de placement ou encaisses de précaution) ;
— *moyen de paiement* pour les échanges (règlement des transactions commerciales ou financières internationales) ou pour les interventions des banques centrales sur le marché des changes ;

— *unité de compte* : libellé et facturation des échanges pour les agents privés et ancrage de la monnaie, facturation de la dette.

Dans le SMI organisé par les accords de Bretton Woods, le dollar joue seul le rôle de monnaie internationale, la force du billet vert découlant de la domination incontestée de l'économie américaine [Lelart, 2003]. Et la stabilité des monnaies provient de leur « ancrage » sur le dollar qui remplit le rôle de *devise clé*. C'est ce que l'économiste américain Kindleberger a appelé le *principe de la stabilité hégémonique*. La croissance durable et régulière des pays industrialisés enregistrée pendant les trente glorieuses ne fut pas sans relation avec la stabilité monétaire internationale de cette période.

Toutefois, dès les années soixante, le système de Bretton Woods a fini par atteindre ses limites face aux besoins croissants de l'économie mondiale en liquidités internationales. Le dollar ne parvient plus à jouer son rôle de monnaie internationale, car il doit satisfaire deux exigences contradictoires ; c'est le *paradoxe de Triffin*, du nom de cet économiste belge qui explicita le premier ce problème : d'un côté, le rôle de « devise clé » du dollar exige que celui-ci demeure stable et que sa création soit strictement contrôlée par les autorités monétaires américaines ; mais, d'un autre côté, il y a alors une véritable « soif de dollars » dans le monde qui nécessite l'émission d'une masse considérable de dollars. Il en est résulté un développement rapide et incontrôlé du marché des *eurodollars*, c'est-à-dire des dollars circulant hors des États-Unis. Prenant appui sur ces liquidités, des attaques spéculatives se multiplient contre la monnaie américaine. Le dollar ne peut plus jouer son rôle d'étalon : il est détaché de l'or en 1971. Les changes fixes sont abandonnés, le flottement des monnaies se généralise en 1973. C'est la fin du SMI de Bretton Woods, fondé sur l'hégémonie du dollar et la stabilité des changes.

La montée du Japon et de l'Allemagne, comme puissances commerciales et financières, au cours du dernier quart du XXe siècle, a fait du yen et du mark deux monnaies concurrentes du dollar pour les trois fonctions internationales mentionnées plus haut. Au milieu des années quatre-vingt-dix, l'usage international de la monnaie américaine reste prépondérant, que ce soit dans les réserves des banques centrales, la facturation du commerce international ou le libellé de la dette des PVD, opérations pour lesquelles le poids du dollar se situe autour de 50 %, comme le montre le *tableau 15*. Mais la création de l'euro, émis par un ensemble de pays dont le poids économique (en termes de PIB et de population) se rapproche de celui des États-Unis, risque de renforcer le caractère polycentrique du SMI. Cette configuration est un facteur d'instabilité. Car les agents sont incités à mettre en concurrence les principales monnaies pour leurs opérations de placement et de financement. On constate ainsi que, dès 1999, les émissions d'obligations privées libellées en euro ont été plus importantes que celles libellées en dollar. Au total, l'euro apparaît dès sa création comme la deuxième monnaie la plus utilisée au niveau international, après le dollar et devant le yen [Banque centrale européenne, 1999]. On est donc en présence d'un SMI polycentrique, dans lequel le dollar continue de dominer mais tend à perdre progressivement sa domination sans partage.

La nouvelle « gouvernance » monétaire

La globalisation financière marque le déclin de la régulation publique au profit du règne des marchés, c'est-à-dire des principaux acteurs privés : entreprises et banques multinationales, investisseurs institutionnels. Par suite de leur internationalisation, les principales monnaies sont de plus en plus utilisées par des non-résidents en dehors de leur territoire d'émission. Résultat : l'espace de la régulation des activités monétaires et financières, toujours national, devient inadéquat face à un marché de la finance mondialisé. Les espaces monétaires sont désormais modelés moins par la souveraineté politique des États nationaux que par la main invisible de la concurrence. Dans ce monde nouveau, le pouvoir monétaire est redistribué non seulement entre les États, mais entre les États et les acteurs du marché [Cohen, 1998]. Les États nationaux sont les grands perdants de ce nouvel ordre monétaire international. En effet, ceux-ci ont perdu *de facto* une partie de leur souveraineté monétaire car ils demeurent dans une logique territoriale qui les rend impuissants face à la finance planétaire. Cette perte d'influence des États sur la scène internationale a entraîné l'émergence de nouvelles formes institutionnelles de *gouvernance* monétaire, mieux adaptées à la logique des marchés.

TABLEAU 15. — LE DEGRÉ D'USAGE INTERNATIONAL DES PRINCIPALES MONNAIES

Parts de marché en %	*Dollar*	*Euro*	*Yen*
Réserves officielles des banques centrales (a)	64,8	14,6	4,5
Transactions de change (b)	84,5	43	25,9
Facturations du commerce (c)	48	39,7	5
Obligations internationales (d)	40,4	43,5	4,4
Actifs bancaires internationaux en devises (e)	59,1	23,4	5,3
Poids des grandes économies	*États-Unis*	*Zone euro*	*Japon*
Population (f)	291	304	127
PIB (g)	9 732	7 254	3 855

(a) Encours fin 2002, *source* : Fonds monétaire international, *Annual Report*, 2003.

(b) Transactions de change au comptant en avril 2001, comptabilisation sur deux devises, total égal à 200 % ; *source* : Banque des règlements internationaux, *Triennal Central Bank Survey*, mars 2002. Foreign exchange and derivatives market activities in 2001, tableau E.1.1.

(c) En 1995 pour le dollar et le yen, et en 2000 pour l'euro ; *source* : BRI

(d) Encours d'obligations et de titres, fin 2003, *source* : *Quarterly Review : International Banking and Financial Market Developments,* mars 2004, tableau 13B.

(e) Encours à septembre 2003, *source* : *Quarterly Review : International Banking and Financial Market Developments,* mars 2004, tableau 5A.

(f) Millions d'habitants en 2002, *source* : FMI, *International Financial Statistics*, mars 2003 et Eurostat.

(g) 2003, en milliards d'euros, *sources* : FMI, *International Financial Statistics* ; OCDE, *Perspectives économiques*.

C'est ainsi que l'on a assisté à la montée en puissance des banques centrales « indépendantes » du pouvoir politique (*cf.* p. 108) qui deviennent les principaux interlocuteurs publics des marchés. Face au poids croissant de la finance internationale, il est vital que les acteurs publics — gouvernements, banques centrales, institutions internationales — gardent un rôle important, même si celui-ci s'exerce dans des conditions plus difficiles ; ce rôle est, en particulier, de lutter contre l'instabilité intrinsèque des marchés.

VI / La politique monétaire

La politique monétaire est l'un des principaux instruments de la politique économique. À la suite de la création de l'euro en 1999, la politique monétaire a été unifiée parmi les onze pays européens qui forment la zone euro, ce qui lui a donné un poids considérable dans la régulation des économies européennes. Mais, au moment où d'importantes responsabilités sont confiées aux autorités monétaires, ces dernières sont confrontées à de nouveaux défis liés aux transformations de l'économie mondiale.

Le fonctionnement de la politique monétaire est traditionnellement présenté à partir d'une grille d'analyse qui relie ses instruments à ses objectifs finals en faisant jouer différents canaux de transmission selon le schéma suivant :

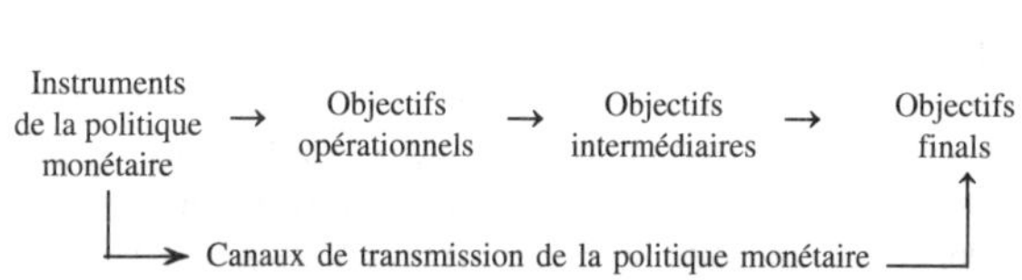

Ce chapitre présente les principaux rouages de la politique monétaire en mettant l'accent sur le nouvel environnement né de la création de la monnaie unique européenne. Suivant le schéma ci-dessus, on analyse successivement les objectifs (1), les instruments (2) et les canaux de transmission (3). Seront ensuite discutés les principaux enjeux de la politique monétaire dans le contexte de la globalisation financière (4).

1. Les objectifs de la politique monétaire

La politique monétaire contribue, avec la politique budgétaire et fiscale, à la régulation macroéconomique. Ses *objectifs finals* sont donc, en principe, ceux de la politique économique générale. Ceux-ci peuvent être représentés par le fameux *carré magique* dont les quatre sommets sont : la stabilité des prix, la croissance économique, le plein emploi et l'équilibre extérieur. Parmi ces objectifs finals, le système européen de banques centrales (SEBC, *cf. encadré* p. 92) doit respecter une priorité : « L'objectif principal du SEBC est de maintenir la stabilité des prix. Sans préjudice de l'objectif de stabilité des prix, le SEBC apporte son soutien aux politiques générales dans la Communauté… » (article 105 du traité sur l'Union européenne).

À côté des objectifs finals, il convient de distinguer les objectifs « intermédiaires » et les objectifs « opérationnels ».

Les objectifs intermédiaires

Ils sont une variable monétaire, servant de « cible » aux autorités monétaires, qui doit remplir trois conditions : (a) être mesurable et rapidement connue par les autorités monétaires (disponibilité statistique) ; (b) être reliée avec la ou les variables réelles retenues comme objectif final ; (c) être contrôlée directement ou indirectement par les autorités monétaires au moyen des instruments dont celles-ci disposent.

En pratique, les objectifs intermédiaires sont de trois sortes et sont ciblés sur des variables mesurant des quantités ou des prix : (a) les agrégats monétaires (différentes définitions de la masse monétaire ou du crédit) ; (b) les taux d'intérêt ; (c) les taux de change. Le choix de l'objectif intermédiaire dépend essentiellement de deux séries de facteurs :

— le *contexte institutionnel* : lorsque l'intermédiation bancaire est le principal circuit de financement de l'économie, un agrégat mesurant le crédit bancaire peut apparaître comme le meilleur objectif intermédiaire ; ce rôle sera plutôt dévolu au

taux d'intérêt si la finance directe de marché joue un rôle prépondérant. Lorsqu'un pays opte pour un régime de changes fixes (comme le système monétaire européen), le taux de change peut être retenu comme un objectif intermédiaire ;
— le *cadre théorique de référence* : lorsque la doctrine monétariste s'est imposée, à partir de la fin des années soixante-dix, la plupart des pays industrialisés ont retenu la masse monétaire comme objectif intermédiaire. Ce choix obéissait au double postulat, issu de la théorie quantitative de la monnaie : (a) il existe un lien étroit entre la monnaie en circulation et le rythme d'inflation ; et (b) l'offre de monnaie est exogène, c'est-à-dire contrôlée par les autorités monétaires (*cf.* p. 44). Ces postulats sont loin d'être vérifiés, ce qui a amené un nombre croissant de pays à abandonner cet objectif intermédiaire (voir p. 107).

La Banque centrale européenne s'appuie sur deux « piliers » pour asseoir sa politique monétaire [BCE, 2000] : d'une part, la masse monétaire M3 qui joue le rôle d'objectif intermédiaire ; d'autre part, une large gamme d'indicateurs économiques mesurant la production, la demande, l'état du marché du travail. Ce second pilier multiple permet d'atténuer le simplisme du modèle monétariste.

Les objectifs opérationnels

Ce sont des variables « indicatrices » de l'état de la politique monétaire. Deux séries de raisons amènent les autorités monétaires à utiliser ces objectifs :
— les variables retenues comme objectifs intermédiaires ne donnent pas une mesure assez précise et rapide du caractère plus ou moins restrictif de la politique monétaire. Ainsi, comme on l'a vu (p. 50), la masse monétaire est un concept de plus en plus difficile à mesurer et son évolution n'est pas contrôlée avec précision par les autorités monétaires ;
— les autorités monétaires peuvent avoir besoin d'envoyer des signaux rapides, clairs et précis aux opérateurs et aux marchés sur le sens de leur politique. Ce rôle d'objectif opérationnel est joué le plus souvent par les taux d'intérêt à court terme, car ceux-ci permettent en général de déterminer le caractère plus ou moins restrictif de la politique monétaire.

2. Les instruments de la politique monétaire

La panoplie d'instruments que peuvent manipuler les autorités monétaires pour atteindre les objectifs de la politique monétaire est importante. On peut classer ceux-ci en deux grandes catégories :
— les *techniques de contrôle administratif et quantitatif* agissent d'une manière directe et contraignante sur les agents économiques ; l'encadrement du crédit et le contrôle des changes font partie de ces instruments ;
— les *techniques de marché* influencent indirectement le comportement des agents économiques ; l'action des autorités monétaires repose alors sur une logique d'incitation (et non de contrainte) dans le cadre des mécanismes de marché. Certains instruments visent principalement à affecter le comportement d'offre de monnaie des banques ; c'est l'action sur la liquidité bancaire ; d'autres instruments cherchent à influer sur les prix d'équilibre des marchés par des opérations d'achats et de ventes ; c'est le cas des interventions sur le marché monétaire et le marché des changes destinées à agir respectivement sur le taux d'intérêt à court terme et sur le taux de change.

Le rôle joué par ces deux catégories d'instruments dépend du contexte institutionnel et du régime financier. Les techniques de marché ont acquis une place prépondérante avec le passage à l'économie de marchés financiers libéralisée.

Les procédures de contrôle administratif et quantitatif

• *Le contrôle du crédit.* — Le premier instrument est l'*encadrement du crédit* dont l'objectif est de limiter le crédit distribué par les banques, principale source de création monétaire. Ce dispositif contraignant alloue à chaque banque une enveloppe de crédit à octroyer. Tout dépassement de ladite enveloppe fait l'objet de sanctions. Cette procédure a constitué l'instrument central de contrôle de la création monétaire dans le régime d'économie d'endettement administrée (*cf.* p. 53). Il a fonctionné en France pendant une quinzaine d'années ; il a également été utilisé dans d'autres pays comme le Japon. Ce système a été abandonné en France en 1987 parce qu'il était devenu inadapté au contexte de libéralisation financière des années quatre-vingt. Ses principaux inconvénients étaient de réduire la concurrence en figeant les parts de marché des banques, et d'induire un comportement conservateur de la part des banques qui étaient incitées à privilégier leurs clients traditionnels au détriment des nouveaux clients. De plus, l'encadrement du crédit avait des effets pervers, conduisant les entreprises rationnées à pratiquer les *crédits interentreprises* (ou face à face) échappant à toute forme de régulation.

Dans le même esprit interventionniste, les autorités publiques peuvent octroyer des financements privilégiés à certains secteurs (agriculture, logement...) par l'intermédiaire des *taux d'intérêt bonifiés*, inférieurs aux taux du marché, qui transitent par certains établissements spécialisés (Crédit agricole). Avec l'encadrement du crédit et les bonifications d'intérêt, l'État contrôle non seulement l'évolution globale du crédit mais influence également la répartition de celui-ci entre les agents économiques. Près de la moitié des crédits distribués par le système bancaire français bénéficiaient de taux bonifiés au début des années quatre-vingt, moment où ce dispositif a été remis en cause en raison de distorsion de concurrence et d'économies budgétaires.

• *Le contrôle des changes.* — C'est un dispositif réglementaire destiné à limiter ou à interdire certaines opérations susceptibles de nuire à la stabilité des changes. La France a connu une riche expérience dans ce domaine. Ce contrôle a été assoupli à partir de 1986, pour aboutir à une libéralisation complète en 1989. Parmi l'importante panoplie de restrictions, un groupe de mesures limitait les possibilités de *termaillage*, c'est-à-dire les achats anticipés de devises par les importateurs ou les ventes retardées de celles-ci par les exportateurs, opérations qui pèsent sur le taux de change [Plihon, 2001].

La réglementation des changes a été levée dans tous les pays industrialisés à économie de marché au cours des années quatre-vingt. En Europe, la directive sur les mouvements de capitaux élaborée dans la perspective du marché unique des capitaux, mis en place à partir de 1990, a organisé ce processus de libéralisation. Il faut noter que la libéralisation des opérations financières internationales n'implique pas l'absence totale de règles. On a assisté, au contraire, à un processus de reréglementation, avec la mise en œuvre de nouvelles règles. Il s'agit, en particulier, des *règles prudentielles* concernant les banques internationales et qui sont destinées à inciter ces dernières à se protéger contre les risques de crédit et de marché (voir p. 110).

L'action sur la liquidité bancaire et les taux d'intérêt par les opérations de marché

Avec cette seconde catégorie d'instruments, la banque centrale cherche à agir sur la liquidité bancaire de manière à influencer les taux d'intérêt à court terme ainsi que le pouvoir de création monétaire des banques. La liquidité bancaire correspond à la « base monétaire » ou monnaie centrale, également appelée *high powered money* pour son rôle crucial dans la création monétaire (*cf.* p. 23).

La banque centrale agit de deux manières sur la liquidité bancaire et les taux d'intérêt : (a) elle peut créer plus ou moins de monnaie centrale en refinançant les banques ; (b) la banque centrale peut également contraindre les banques commerciales à détenir plus ou moins de monnaie centrale sous forme de réserves obligatoires.

• *S'agissant de la création de monnaie banque centrale.* — Les autorités monétaires mettent généralement en place des procédures mixtes, leur permettant d'agir simultanément sur le niveau des taux d'intérêt et sur la quantité de monnaie centrale offerte aux banques commerciales.

Dans le cadre du système européen de banques centrales (SEBC) (*cf. encadré* p. 92), les banques centrales nationales (BCN) des pays membres, opérant dans le cadre des décisions de la Banque centrale européenne (BCE), ont recours à deux instruments principaux pour agir sur la liquidité bancaire et piloter les taux d'intérêt du marché monétaire : l'*open market* et les *facilités permanentes* [BCE, 1999]. Les opérations d'*open market* sont organisées sous forme d'*appels d'offres* réguliers (hebdomadaires et mensuels) : la BCE propose des liquidités aux établissements de crédit en échange d'actifs donnés temporairement en garantie par ceux-ci.

Les *facilités permanentes* permettent de fournir (*prêt marginal*) ou de retirer (*dépôt*) de la liquidité à vingt-quatre heures

Les autorités monétaires dans la zone euro

La politique monétaire et l'émission de l'euro sont contrôlées par une institution à caractère fédéral — le *système européen de banques centrales* (SEBC) — comparable à celle qui existe aux États-Unis (le *Federal Reserve System*). Le SEBC comprend deux groupes d'institutions : la Banque centrale européenne (BCE), dont le siège est à Francfort, et les banques centrales nationales (BCN) des douze pays membres.

Deux traits essentiels caractérisent le SEBC. En premier lieu, cette nouvelle institution est indépendante des pouvoirs politiques (nationaux et communautaires), ces derniers nommant toutefois les responsables monétaires. En second lieu, son objectif prioritaire, figurant en toutes lettres dans ses statuts, consiste à assurer la stabilité des prix dans la zone euro. Ce trait différencie le SEBC du FED américain, ce dernier ayant le double objectif de stabiliser les prix et de promouvoir la croissance économique. En revanche, comme le FED, le SEBC n'a pas d'objectif de stabilité du taux de change de l'euro, et la politique de change est une responsabilité partagée avec les autorités politiques européennes.

Trois organes régissent le fonctionnement du SEBC :

— le *Conseil des gouverneurs*, qui comprend les gouverneurs des BCN, ainsi que les six membres du Directoire de la BCE. Il a pour tâche de définir les grandes orientations de la politique monétaire ;

— le *Directoire*, qui est chargé de mettre en œuvre ces orientations et d'assurer le fonctionnement quotidien de la BCE en transmettant les instructions nécessaires aux BCN. Le mandat des membres du Directoire, nommés par les gouvernements, d'une durée de huit ans, n'est pas renouvelable ; ces dispositions sont destinées à assurer l'indépendance de ces derniers ;

— le *Conseil général*, qui regroupe le président et le vice-président du Directoire, ainsi que les gouverneurs des BCN, a pour fonction principale d'être le lieu privilégié de concertation entre les pays participant à l'Union monétaire et les autres membres de l'Union européenne.

à la demande des établissements de crédit. L'accès à cette facilité est ouvert à un établissement de crédit sans autre limitation que celle des supports de garantie qu'il détient.

Ainsi, la politique des taux d'intérêt du SEBC s'articule autour de trois *taux d'intérêt directeurs* contrôlés par la BCE : (1) le taux de refinancement (opérations d'*open market*) : c'est le principal taux directeur autour duquel fluctue le taux du marché monétaire au jour le jour (Eonia) ; (2) le taux de facilité de prêt marginal et (3) le taux de facilité de dépôt, qui sont respectivement les taux plafond et plancher, comme le montre le *graphique 4*.

GRAPHIQUE 4. — LES TAUX DIRECTEURS DE LA BCE

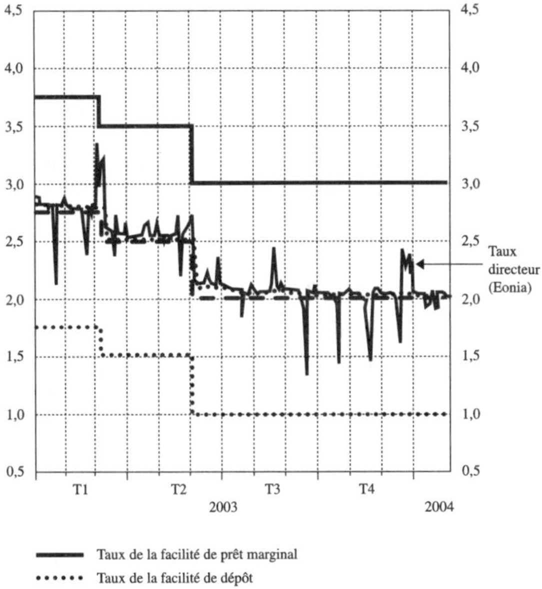

Source : BCE.

• *Les réserves obligatoires.* — Elles constituent un levier supplémentaire utilisé par les autorités monétaires pour agir sur la création monétaire et sur les taux d'intérêt. Cet instrument fait obligation aux banques de maintenir à leur compte à la banque centrale un solde proportionnel à l'encours des dépôts liquides effectués dans les banques par les agents non bancaires.

Au départ, les réserves obligatoires ont été instituées dans le but de garantir une liquidité suffisante chez les banques afin de protéger les dépôts de la clientèle. Mis en place aux États-Unis au début du XXe siècle, cet instrument est surtout utilisé à partir de la grande crise des années trente. Peu à peu, cette mission d'assurance perd de son importance au profit d'une fonction de régulation monétaire. À ce titre, les réserves obligatoires ont un double rôle, d'une part, de stabilisateur automatique, en reliant strictement le besoin de monnaie centrale à la progression de leur activité, et, d'autre part, de frein à la création monétaire en ponctionnant la liquidité bancaire.

Le SEBC assujettit les établissements de crédit à un système de réserves obligatoires rémunérées à un taux voisin de celui du marché. Celles-ci sont calculées sur une moyenne mensuelle et résultent de l'application d'un coefficient de réserve, compris entre 1,5 % et 2,5 %, à certains postes du bilan des établissements de crédit (dépôts et titres de créance d'une durée inférieure ou égale à deux ans, et instruments du marché monétaire).

L'action sur les taux de change

Dans la plupart des pays, les autorités monétaires — garantes de la stabilité monétaire — surveillent et régularisent les cours de change. Pour atteindre leur objectif de change, les autorités monétaires utilisent trois leviers principaux [Plihon, 1999a] : (a) le contrôle des changes, qui a été levé dans de nombreux pays (*cf.* p. 90) ; (b) les interventions sur les marchés ; et (c) les modifications de parités.

• *Les interventions sur les marchés sont de deux ordres* :
— le *maniement des taux d'intérêt*, destiné à attirer (ou à décourager) les capitaux internationaux ; par exemple, les autorités monétaires doivent pratiquer une hausse des taux d'intérêt domestiques afin de compenser des anticipations de dépréciation de leur monnaie et d'enrayer des sorties de capitaux. Il s'agit ici de respecter la *relation de parité des taux d'intérêt non couverte*, selon laquelle l'équilibre sur les marchés est atteint lorsque le taux de dépréciation anticipé d'une monnaie est égal au différentiel entre le taux d'intérêt de cette monnaie et le taux d'intérêt sur la devise étrangère considérée (*cf.* p. 77) ;
— les *interventions sur le marché des changes*. Leur principe est simple : elles consistent à acheter ou à vendre des devises contre la monnaie nationale afin d'agir sur l'équilibre du marché. Le montant et la nature de ces interventions dépendent

du régime de change. En changes fixes, les banques centrales sont amenées à intervenir sur les marchés pour assurer la stabilité de leur monnaie.

Outre leur action sur l'équilibre du marché des changes, les interventions pratiquées par les banques centrales affectent directement la liquidité bancaire et les taux d'intérêt. Lorsque la Banque de France, agissant dans le cadre du SEBC, cède de la devise et achète de l'euro sur le marché pour soutenir celui-ci, la liquidité en euro est réduite, ce qui entraîne une hausse relative des taux d'intérêt de la monnaie européenne. À l'inverse, une vente d'euros contre devises amène un accroissement des liquidités en euro et une baisse des taux d'intérêt. Ces effets secondaires sur le marché monétaire peuvent ne pas être désirés. En ce cas, la banque centrale va chercher à les neutraliser en pratiquant des *interventions stérilisées*, c'est-à-dire que la création (destruction) de liquidité initialement induite par les interventions sur le marché des changes est neutralisée par une opération de sens inverse sur le marché monétaire. Les interventions stérilisées ont pour objectif de permettre aux banques centrales de dissocier, au moins temporairement, leurs objectifs d'équilibre interne (stabilité des prix, croissance, emploi) et externe (balance des paiements, taux de change), lorsque ces objectifs apparaissent contradictoires.

• *Les modifications de parités*. — Les modifications de parités sont une arme de politique économique largement utilisée, dont l'objectif premier est d'agir sur l'équilibre de la balance des paiements. Un pays recourt généralement à la dévaluation pour améliorer la compétitivité-prix de ses entreprises et redresser son solde commercial. Les dévaluations produisent deux types d'effets : elles agissent d'abord sur les *prix* des importations et des exportations, puis sur les *volumes* (les quantités) importés et exportés. Dans la réalité, la dynamique des dévaluations résulte du jeu de ces deux types d'effets et de leur décalage dans le temps. Elle s'ordonne autour de trois phases :

— *à court terme* (moins d'un an), une dépréciation commence par aggraver le déficit commercial car le prix en monnaie nationale des importations — généralement libellées dans la monnaie du pays vendeur — augmente rapidement, tandis que le prix des exportations reste constant. Il y a une dégradation des *termes de l'échange*, définis comme le rapport : prix des exportations/prix des importations ;

— *à court-moyen terme* (entre un et quatre ans), la dévaluation a des effets favorables sur la balance commerciale car les échanges en volume bénéficient progressivement des gains de compétitivité : le pays importe moins de biens étrangers, devenus plus coûteux, et accroît ses exportations dont les prix exprimés en monnaies étrangères ont baissé ;

— *à moyen-long terme*, les effets de la dévaluation s'atténuent progressivement, le bénéfice initial de compétitivité étant rogné par la propagation de l'inflation importée à la suite de la hausse des prix des importations.

Les deux premières phases définissent ce qu'on appelle la *courbe en J*, qui décrit la trajectoire du solde commercial à la suite d'une dévaluation, marquée par une dégradation suivie d'une amélioration. En cas de réévaluation d'une monnaie, les effets sont en principe symétriques ; on a un processus inversé dit de *courbe en crosse* [Plihon, 2001].

Les dévaluations sont-elles encore efficaces ?

La théorie économique a défini les conditions de réussite d'une dévaluation. C'est le *théorème des élasticités critiques* de Marshall-Lerner qui s'exprime ainsi : *une dévaluation concourt au rétablissement de la balance commerciale lorsque la somme des élasticités des volumes importés et exportés par rapport au taux de change est supérieure à l'unité*. Ce théorème célèbre signifie simplement que la réussite d'une dévaluation implique que l'amélioration des échanges en volume soit supérieure au renchérissement des importations, libellées en devises.

La plupart des pays semblent satisfaire les conditions de Marshall-Lerner. Pourtant, les politiques dévaluationnistes ont été remises en cause par suite des effets défavorables que celles-ci exerceraient sur la qualité de la spécialisation internationale : compter sur une parité faible, ce serait favoriser le développement des secteurs les plus sensibles à la concurrence par les prix qui sont, en général, les moins innovants. Comme les effets bénéfiques des dévaluations disparaissent progressivement, le risque est grand de se trouver pris dans un *cercle vicieux* de dévaluations successives et éphémères. La création de l'euro, qui revient à figer définitivement les parités intra-européennes, peut être interprétée comme la volonté de renoncer à l'arme des modifications de parités au sein de la zone euro.

3. Les canaux de transmission de la politique monétaire

Il est essentiel de comprendre comment le maniement des différents instruments qui viennent d'être présentés agit sur l'économie et permet aux autorités monétaires d'atteindre leurs objectifs finals. C'est la question des canaux de transmission à l'économie réelle des impulsions de la politique monétaire [Lavigne et Pollin, 1997]. On distingue trois canaux principaux qui mettent respectivement l'accent sur le rôle des taux d'intérêt et des prix d'actifs, du crédit et des anticipations dans les mécanismes de transmission.

Le canal des taux d'intérêt et des prix d'actifs

Dans le modèle néokeynésien ISLM, le canal du taux d'intérêt constitue le principal mécanisme de transmission de la politique monétaire. Selon cette conception traditionnelle, une politique monétaire expansionniste, qui amène une baisse du taux d'intérêt, réduit le coût du capital, ce qui entraîne une augmentation des dépenses d'investissement. Il en résulte, par le mécanisme du multiplicateur, un accroissement de la demande globale et de la production. Dans ce modèle, le canal de transmission de la politique monétaire passe par un *effet sur le coût du capital*.

Ce modèle standard présente plusieurs limites. En particulier, il n'y a qu'un seul taux d'intérêt dans le modèle ISLM : le taux nominal déterminé sur le marché monétaire. Or, si les autorités monétaires contrôlent le taux d'intérêt à court terme, sur le marché monétaire, ce sont surtout les taux d'intérêt à long terme, sur les marchés financiers, qui affectent les décisions d'investissement des entreprises. Il faut donc prendre en compte la relation entre taux court et taux long (*cf. encadré* p. 98). De plus, la variable pertinente pour les décisions des entreprises est le taux d'intérêt réel, corrigé des anticipations d'inflation, et non le taux d'intérêt nominal coté sur le marché.

La relation entre taux d'intérêt à court et long termes

Les différents taux d'intérêt peuvent être classés selon leur *structure à terme*, du taux à très court terme (jour le jour) au taux long (dix ans et plus) [Benassy-Quéré *et al.*, 1998]. Si l'on relie ces taux d'intérêt selon leur terme, on obtient la *courbe des taux d'intérêt* (*cf. graphique 5*). Quatre approches théoriques apportent des éléments d'explication à la structure par terme des taux d'intérêt :

— la *théorie des anticipations* selon laquelle les taux longs sont égaux aux taux courts (comptants) anticipés à l'échéance considérée dans le futur : les taux d'intérêt à dix ans sont la valeur anticipée des taux courts dans dix ans. Si les agents sont bien informés et ne font pas d'erreur systématique de prévision (anticipations rationnelles), cette hypothèse aboutit à la conclusion selon laquelle l'écart (*spread*) actuel entre les taux longs et les taux courts permet de prévoir les variations des taux courts dans le futur ;

— la *théorie de la prime de liquidité* : l'écart entre taux courts et taux longs correspond à une prime de risque ; cette prime a pour fondement, outre la renonciation à la consommation présente, des considérations de risque de défaillance et d'illiquidité : plus les agents économiques prêtent à long terme, plus le risque qu'ils encourent est élevé. Plus le terme est éloigné, plus la prime est élevée ; c'est ce qui explique la pente positive de la courbe des taux ;

— la *théorie de la segmentation des marchés* : les différents compartiments des marchés de titres sont cloisonnés ; il se forme donc un taux d'intérêt différent sur les différentes échéances (marchés des titres à court terme et à long terme) ;

— la *théorie de l'habitat préféré* selon laquelle l'aversion pour le risque des agents les amène à adopter un habitat préféré, c'est-à-dire un compartiment particulier du marché financier jugé le plus sûr, et n'accepter de le quitter qu'à condition d'être rémunérés par une prime de risque. Cette dernière approche peut être interprétée comme une combinaison des deux théories précédentes.

Pour les autorités monétaires, la courbe des taux est un instrument d'information précieux sur l'état des anticipations sur les marchés. Ainsi, une détente sur les taux longs (c'est-à-dire les futurs taux courts) peut signifier que les opérateurs anticipent une décélération de l'inflation et de l'activité, et donc une politique monétaire peu restrictive. Le déplacement de la courbe des taux d'intérêt de la zone euro vers le bas entre le 28 novembre 2003 et le 3 mars 2004 sur le *graphique 5* illustre un tel phénomène lié aux anticipations des opérateurs quant aux effets dépressifs sur la croissance et les prix de la forte appréciation de l'euro.

GRAPHIQUE 5. — LA COURBE DES TAUX D'INTÉRÊT ANTICIPÉS DE LA ZONE EURO

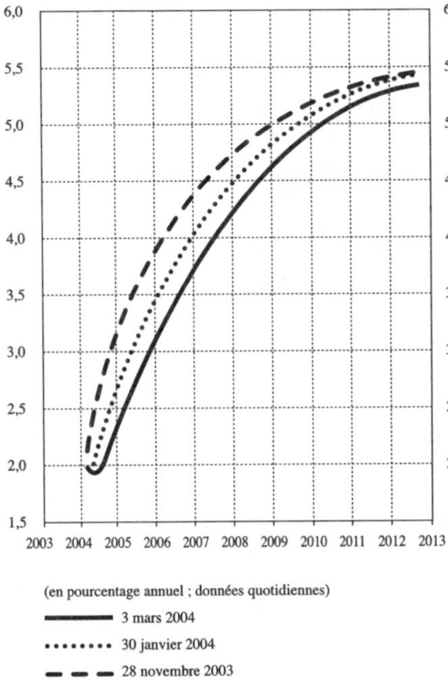

Source : Estimations de la BCE.

Les travaux ultérieurs ont cherché à prendre en compte ces objections en identifiant d'autres canaux de transmission plus larges incluant non seulement les taux d'intérêt, mais également les différents prix d'actifs. Dans ce cadre d'analyse, utilisé conjointement par les keynésiens et les monétaristes, l'influence de la politique monétaire se transmet par les variations de taux d'intérêt qui affectent les comportements de « sélection de portefeuille » des agents non financiers. Le « portefeuille » est entendu au sens large de patrimoine ; il comprend l'ensemble des actifs monétaires, financiers, réels et humains des agents. Ces derniers comparent les rendements et les risques des différents actifs, et prennent en compte les rendements explicites (taux d'intérêt sur les actifs financiers) et implicites (rendement psychologique de la monnaie). C'est par l'intermédiaire des modifications de prix et de taux d'intérêt qu'elle induit que la politique monétaire agit sur l'économie. Trois types d'*effets-prix* se manifestent :

— l'*effet de substitution* : à la suite d'une modification de la structure des taux d'intérêt, c'est-à-dire du niveau relatif des différents taux de rendement (à court et à long termes), les agents économiques modifient la composition de leur patrimoine par catégories d'actifs (monétaires, financiers, réels) ;

— l'*effet de revenu* : les variations des taux d'intérêt affectent les revenus financiers des détenteurs de portefeuille ; ainsi, à la suite d'une hausse des taux d'intérêt, les agents créanciers voient leurs revenus financiers augmenter tandis que, symétriquement, les agents débiteurs subissent une perte de revenu ;

— l'*effet de richesse* : la valeur du patrimoine des agents économiques se modifie à la suite des variations de prix des actifs financiers (mesurés par $P_f = 1/i$, où i représente les taux d'intérêt ; *cf.* p. 39). L'effet de richesse joue un rôle important dans plusieurs modèles théoriques. C'est le cas du *modèle du cycle de vie* de Modigliani [1971], selon lequel les dépenses de consommation sont déterminées par les ressources accumulées par les consommateurs tout au long de leur vie. Ces ressources sont constituées par du capital humain, du capital matériel et de la richesse financière. Lorsque les prix des actifs augmentent à la suite d'une baisse des taux d'intérêt impulsée par les autorités monétaires, la richesse globale des consommateurs s'accroît, et par conséquent la consommation. Ce type de modèle est particulièrement adapté au cas des États-Unis où les ménages sont amenés, pendant leur vie active, à accumuler un important patrimoine pour financer leurs retraites (système de financement des retraites par capitalisation).

• *Le canal du cours des actions et le « q » de Tobin.* — Le modèle de Modigliani est centré sur le comportement des ménages. La théorie de l'investissement de Tobin [1969] décrit un canal par lequel la politique monétaire affecte les entreprises par le biais de ses effets sur la valorisation des actions. Tobin définit le *coefficient* « q » comme étant le rapport entre la valeur boursière des entreprises et le coût de renouvellement du capital. Une hausse de q signifie que la valeur boursière des entreprises s'accroît par rapport au coût de renouvellement du capital ; en d'autres termes, les nouveaux investissements productifs deviennent moins onéreux par rapport à la valeur boursière des entreprises. Ces dernières peuvent alors émettre des actions et en obtenir un prix élevé. Les dépenses d'investissement augmenteront par suite de la diminution du coût relatif du capital productif. En revanche, lorsque le coefficient q est faible, les entreprises ne chercheront pas à acquérir de nouveaux biens d'équipement car leur valeur boursière est faible par rapport au coût du capital.

La politique monétaire peut affecter le cours des actions et donc les dépenses d'investissement des entreprises. Selon la conception keynésienne, dans laquelle s'inscrit Tobin, une baisse des taux d'intérêt, induite par une politique monétaire expansionniste, réduit l'attrait des obligations dont le rendement diminue par rapport à celui des actions, ce qui suscite une hausse des cours de ces dernières. Il en résulte une augmentation du coefficient q, ce qui stimule les dépenses d'investissement et l'activité économique.

• *Le canal du taux de change*. — Étant donné l'internationalisation croissante des économies, le canal du taux de change est devenu important. Ce canal fait également intervenir les effets du taux d'intérêt : pour un état donné des anticipations, la baisse du taux d'intérêt suscite des arbitrages défavorables sur la monnaie concernée (*cf.* p. 77) ; l'attrait des dépôts dans cette monnaie diminue par rapport aux dépôts libellés en devises étrangères, ce qui entraîne une offre excédentaire sur le marché des changes dans cette monnaie dont le taux de change se déprécie. La dépréciation de la monnaie abaisse le prix des biens nationaux par rapport aux biens étrangers, ce qui se traduit par une augmentation des exportations nettes et donc de la production nationale, suivant le processus du multiplicateur du commerce extérieur.

Ce canal joue un rôle important dans la façon dont la politique monétaire affecte les économies nationales. Ce rôle ne se limite pas à un effet sur l'activité économique. Il est également important sur les prix : une appréciation du change entraîne, en effet, de la *désinflation importée* dans la mesure où elle amène une baisse des prix des importations exprimés en monnaie nationale. Cet effet-prix a été au centre de la stratégie de *franc fort* et de *désinflation compétitive* menée en France depuis la fin des années soixante-dix.

Les canaux du crédit

Les approches précédentes des canaux de transmission sont fondées sur l'hypothèse d'une grande substituabilité entre les différentes formes de financement de l'économie et négligent les imperfections caractérisant le fonctionnement des marchés des capitaux. Prenant en compte cette critique, les économistes d'inspiration keynésienne ont mis en avant deux canaux de base pour la transmission de la politique monétaire, reposant sur les imperfections existant sur les marchés de capitaux [Bernanke et Gertler, 1995].

• *Le canal étroit du crédit bancaire.* — Selon cette approche, la politique monétaire influence l'économie en agissant directement sur le volume des crédits offerts par les banques aux agents non financiers. Le rôle prépondérant du crédit bancaire provient de ce que — pour la plupart des agents non financiers — le crédit bancaire et les titres sont deux modalités de financement imparfaitement substituables. Cette substituabilité est, en effet, inexistante pour les particuliers et souvent faible pour les entreprises, dans la mesure où la capacité à émettre des titres pour se financer est généralement nulle pour les particuliers et faible pour la plupart des entreprises (cas des petites entreprises).

Ainsi, la politique monétaire a d'importants effets redistributifs, dans la mesure où le degré de substitution entre les différentes formes de financement (crédits et titres) n'est pas le même selon les agents et leur taille. Par ailleurs, cette imparfaite substituabilité se traduit par une inélasticité de la demande de crédit aux variations de son prix (les taux d'intérêt débiteurs). Il en résulte que la politique monétaire affecte le comportement des agents non financiers beaucoup plus par son effet sur la quantité de crédit disponible (on parle d'*effet de disponibilité du crédit*) que par son influence sur les taux d'intérêt.

Le canal étroit du crédit bancaire agit de la façon suivante : une politique monétaire expansionniste, qui contribue à accroître la liquidité bancaire, augmente la quantité de prêts bancaires disponibles. Compte tenu du rôle spécifique des banques, en tant que prêteurs à certaines catégories d'emprunteurs, cette augmentation du volume des prêts conduira à une hausse des dépenses d'investissement et de consommation.

• *Le canal large du crédit.* — Le déclin de l'importance du crédit bancaire a amené à introduire une seconde approche du canal du crédit, mieux adaptée à la réalité actuelle des marchés de capitaux. C'est le canal large du crédit, ou *canal du bilan*, qui prend en compte l'ensemble des financements des entreprises, ce qui inclut les nouvelles formes de dettes négociables sur les marchés. Les entreprises ont le choix entre un financement interne (autofinancement) et un financement externe qui est plus coûteux. La différence de coût entre ces deux modalités est appelée la *prime de financement externe*. Celle-ci trouve son origine dans l'existence d'*asymétries d'information* dans la relation entre les prêteurs et les entreprises. Ces asymétries portent sur deux aspects de la relation entre emprunteurs et prêteurs. D'une part, les prêteurs sont moins bien informés que l'entreprise qui emprunte sur la situation réelle de celle-ci et sur le caractère plus ou moins risqué de ses projets (*sélection adverse*). D'autre part, les prêteurs ne peuvent pas contrôler parfaitement l'action de l'entreprise une fois les prêts accordés ; le danger est alors qu'elle adopte un comportement imprudent qui pourrait affecter sa capacité de remboursement (*aléa de moralité*) [Scialom, 1999].

Les prêteurs sont amenés, de ce fait, à intégrer dans le coût du crédit une prime de financement externe qui correspond aux risques de non-recouvrement. Cette prime est une fonction inverse de la richesse nette de l'entreprise qui reflète sa solidité financière et sa capacité à apporter des garanties. Dans ce cadre, en affectant les bilans des entreprises, la politique monétaire est susceptible d'agir sur leurs financements et leurs dépenses d'investissement. Ainsi, une politique monétaire expansionniste qui entraîne une baisse des taux d'intérêt et une hausse du cours des actions, selon des mécanismes décrits précédemment, améliore la situation nette des entreprises et conduit à une augmentation des dépenses d'investissement. Les effets de la politique monétaire sont alors amplifiés par le canal large du crédit : à la baisse des taux d'intérêt s'ajoute la diminution induite de la prime de financement.

Le canal des anticipations et les effets d'annonce

Les deux canaux précédents fonctionnent même lorsque les anticipations des agents ne changent pas. En revanche, les effets d'annonce ont pour objectif d'agir sur les anticipations. En modifiant certaines variables sous leur contrôle, chargées d'un fort degré de signification, les autorités monétaires indiquent aux agents privés leurs intentions futures. L'importance de ce canal repose sur deux aspects essentiels des anticipations : d'une part, leur caractère *forward looking* (tourné vers l'avenir), qui fait que toutes les prévisions sur le futur ont un impact immédiat sur la situation présente, et, d'autre part, leur dimension « autoréalisatrice » ; la puissance des marchés est devenue telle que le moindre doute des opérateurs sur les intentions des autorités monétaires peut avoir des effets dévastateurs, d'où l'intérêt de « communiquer » avec les marchés en leur envoyant des signaux clairs et crédibles.

Les autorités monétaires utilisent leurs variables-objectifs pour faire passer leurs effets d'annonce ; à partir du milieu des années soixante-dix, les agrégats monétaires qui servaient d'objectifs intermédiaires ont joué ce rôle. Le caractère désormais imprécis de ce type de variable a amené la plupart des autorités monétaires à utiliser des « objectifs opérationnels » — généralement des taux d'intérêt à court terme — comme instrument de signalisation (*cf.* p. 88). Aujourd'hui les variations de taux d'intérêt, souvent minimes, décidées par les autorités monétaires sont surtout des signaux envoyés aux marchés, destinés à indiquer les priorités du moment de la politique monétaire (maîtriser l'inflation, favoriser la reprise économique…).

• *Quel canal est le plus important ?*. — Il y a un débat sur l'importance relative des différents canaux de transmission de la politique monétaire [Mishkin, 1996]. Les opinions des économistes dépendent de leurs conceptions théoriques. Pour les théoriciens qui considèrent que les marchés fonctionnent d'une manière concurrentielle et efficiente, au sens où les prix reflètent toute l'information disponible, le canal des taux d'intérêt et des prix est primordial. Pour les économistes keynésiens, qui mettent en avant les imperfections des marchés et notamment les asymétries d'information, le canal du crédit reste important, même si le poids du crédit dans les financements a diminué. Pour les économistes qui observent le comportement des banques centrales, la politique monétaire s'appuie largement sur la communication avec les marchés et, donc, sur le canal des effets d'annonce. Dans la réalité, ces différents canaux coexistent, et leur importance relative varie selon les pays et les périodes car elle dépend des caractéristiques du système financier.

4. Les défis de la globalisation financière

La politique monétaire a dû s'adapter au nouveau contexte créé par la globalisation financière et le passage au régime de la finance libéralisée, avec la création du marché unique des capitaux en Europe en 1990 [Banque de France, 1998]. Les autorités monétaires sont confrontées à trois séries de défis posés par (1) les innovations financières et technologiques, (2) la quête de la crédibilité face la montée en puissance des marchés financiers internationaux, et (3) la supervision des systèmes bancaires et financiers en proie à une instabilité récurrente.

L'adaptation aux innovations financières et technologiques

Le premier défi provient de l'émergence de nouveaux instruments financiers, en particulier les *produits dérivés* et les nouvelles formes de monnaie.

• *Les produits dérivés.* — Les produits dérivés (marchés financiers à terme, options et *swaps*) se sont considérablement développés depuis la fin des années quatre-vingt. Leur fonction est de fournir aux agents économiques des instruments de couverture contre les risques liés à l'instabilité des taux d'intérêt et des taux de change qui s'est amplifiée dans le contexte de la globalisation financière. La question se pose de savoir si les produits dérivés ne présentent pas un risque important pour la conduite de la politique pour deux séries de raisons : d'une part, ces instruments peuvent contribuer à amplifier les crises financières car ils sont utilisés par les spéculateurs pour prendre position sur les monnaies ; d'autre part, les produits dérivés peuvent porter atteinte à l'efficacité de la politique monétaire dans la mesure où ils permettent aux agents économiques de « s'immuniser » contre les variations de taux d'intérêt et de change qui constituent des canaux importants de transmission de la politique monétaire. Des travaux menés par les autorités monétaires [Banque de France, 1994] apportent des conclusions plutôt rassurantes sur ces interrogations. Selon certaines analyses, grâce aux informations contenues dans les prix des produits dérivés, ces instruments seraient même un instrument utile pour renseigner les autorités monétaires sur l'état des anticipations sur les marchés.

• *Les nouvelles formes de monnaie.* — Le développement en cours de la *monnaie électronique* (voir p. 17) pose de nouveaux problèmes aux autorités monétaires [Aglietta et Scialom, 2002]. L'application des nouvelles technologies de l'information et de la communication (NTIC) aux systèmes de paiement se traduit, en effet, par un processus de « désintermédiation » des paiements, c'est-à-dire qu'une part croissante des règlements va progressivement se développer en dehors du système bancaire. Les NTIC favorisent les opérations de compensation directe entre firmes, ce qui diminue les flux circulant dans les systèmes bancaires. Par ailleurs, certaines entreprises non bancaires ont commencé à développer leur propre réseau de règlements informatiques ou virtuels ; c'est le cas de *Microsoft* aux États-Unis. L'un des problèmes majeurs posés par ce processus de désintermédiation technologique est celui de la *sécurité des paiements.* Dans la mesure où les entreprises qui organisent ces systèmes de paiement n'appartiennent pas au système bancaire, elles échappent au contrôle des autorités de supervision bancaires. Pour tenter de remédier à ces difficultés, un rapport sur *La Monnaie électronique*, publié en 1998 sous l'égide de la Banque centrale européenne, énonce un certain nombre de recommandations, dont les plus importantes sont de restreindre le privilège d'émission de la monnaie électronique aux banques et de soumettre l'ensemble des acteurs concernés aux règles prudentielles édictées par les autorités de supervision bancaires, comme on le verra plus loin.

Mais la difficulté la plus importante pour les banques centrales vient des innovations financières qui se traduisent par l'émergence de nouveaux produits qui sont de proches substituts de la monnaie et qu'il est difficile de classer comme de la monnaie, notamment parce que leur valeur fluctue sur les marchés. Parmi ces innovations figurent les fonds mutuels à caractère monétaire (SICAV monétaires) qui se sont beaucoup développés et dont les montants sont instables car ils ont une grande sensibilité aux variations des taux d'intérêt. Ces nouveaux produits soulèvent plusieurs problèmes : faut-il leur appliquer des réserves obligatoires ? Où les classer dans les statistiques monétaires ? Certains de ces instruments ont été introduits dans les agrégats monétaires larges (voir p. 35). La difficulté est de savoir où tracer la frontière entre les placements à caractère monétaire et ceux à caractère financier.

• *La question du ciblage de la politique monétaire.* — La pertinence des agrégats monétaires comme objectif intermédiaire de la politique monétaire est remise en cause par le caractère flou et instable de ces derniers. C'est ainsi que la Nouvelle-Zélande, le Canada, le Royaume-Uni, la Suède et l'Espagne se sont ralliés, au début des années quatre-vingt-dix, à un ciblage direct de la politique monétaire sur l'inflation, abandonnant les objectifs fondés sur des agrégats monétaires. Cette stratégie présente des avantages : c'est la façon la plus directe de résoudre la question de la stabilisation des évolutions nominales (prix et salaires notamment), la banque centrale agissant directement sur les anticipations d'inflation en s'engageant sur un objectif d'inflation. Mais ce choix n'est pas sans soulever des problèmes. Quel indicateur de prix doit être retenu ? Les indices conventionnels auxquels se réfèrent les autorités monétaires sont entachés d'une erreur importante car ils ne prennent pas suffisamment en compte l'évolution technologique qui améliore en permanence la qualité des biens et services [Armatte, 2003]. Ce fait explique pourquoi les banques centrales considèrent qu'un taux d'inflation de 2 % à 3 % correspond à la stabilité monétaire. Par ailleurs, les banques centrales doivent-elles se limiter à un objectif de prix des biens et services, et ignorer l'évolution des prix d'actifs [Borio et Lowe, 2002] ? Ces prix d'actifs sont marqués par d'amples fluctuations et exercent une influence croissante sur les comportements de dépense des agents économiques. Par exemple, une inflation excessive sur les prix d'actifs peut conduire les entreprises à surinvestir (*effet Tobin*) et les ménages à surconsommer (*effet de richesse*) (*cf.* p. 100), exerçant des pressions inflationnistes sur le prix des biens. Les autorités monétaires peuvent donc difficilement se désintéresser de cette variable devenue essentielle.

La recherche de crédibilité face aux marchés

Avec la globalisation financière, les marchés sont devenus les « gendarmes » des politiques économiques : ils évaluent et sanctionnent ces dernières. Dans cet environnement, la politique monétaire ne peut être efficace que si elle est crédible aux yeux des acteurs qui opèrent sur les marchés.

• *L'indépendance des banques centrales.* — Dans la littérature économique, la crédibilité est définie à partir de l'hypothèse dite d'*incohérence temporelle* énoncée par Kydland et Prescott [1977]. Selon cette analyse, les agents économiques rationnels ne font confiance aux autorités monétaires que s'ils sont assurés que ces dernières respecteront dans le futur leur engagement initial envers la stabilité monétaire. Deux moyens principaux ont été avancés pour éviter toute « incohérence temporelle » de la part des autorités monétaires : donner à ces dernières l'indépendance par rapport aux gouvernements et leur imposer des règles. Les banques centrales indépendantes peuvent inscrire leur action dans la durée car elles ne subissent pas la pression des gouvernements soumis aux cycles électoraux, source d'incohérence temporelle. Selon cette approche, pour gagner les élections, les gouvernements sont soupçonnés de mettre en œuvre des politiques expansionnistes créatrices d'emplois, au détriment de la stabilité monétaire. Par ailleurs, les gouvernements peuvent être soupçonnés de faire preuve de laxisme à l'égard de l'inflation dans la mesure où celle-ci dévalorise la dette de l'État, principal débiteur dans l'économie.

L'hypothèse selon laquelle les gouvernements seraient caractérisés par un « biais inflationniste » est largement contredite par les faits : il suffit de rappeler que, dans la plupart des pays industrialisés (dont la France), des politiques de désinflation ont été menées avec succès dans les années quatre-vingt alors que les banques centrales n'étaient pas indépendantes (à l'exception des États-Unis et de l'Allemagne fédérale).

Un autre argument, plus pertinent, a été avancé pour justifier l'indépendance des banques centrales. Celui-ci part du constat qu'il existe une contradiction entre la dimension nationale du pouvoir des États et la circulation planétaire des monnaies dans une économie mondiale désormais globalisée (*cf.* p. 84). Il y a un déclin de la référence nationale et territoriale : la monnaie est utilisée par les non-résidents et en dehors de son pays d'émission. Pour certains économistes, des banques centrales indépendantes et coopérant à l'échelle internationale constituent une nouvelle forme de « gouvernance monétaire », en marge des pouvoirs politiques nationaux, de nature à garantir le bon fonctionnement des systèmes monétaires dans une économie mondialisée [Aglietta et Orléan, 1998].

La plupart des banques centrales des pays industrialisés ont acquis un statut d'indépendance. C'est le cas des banques centrales nationales participant à l'eurosystème (SEBC). La Banque de France est ainsi indépendante depuis 1993.

• *Le respect de règles monétaires.* — Selon les monétaristes, la meilleure conduite à tenir pour une banque centrale est de stabiliser la croissance de la masse monétaire autour d'un rythme constant, proche du taux de croissance nominal de l'économie souhaitable à long terme. Le taux d'intérêt à court terme doit être géré pour ajuster la masse monétaire à cette règle fixe. Cette conception les oppose aux keynésiens, pour qui le taux d'intérêt doit être manié de manière à réagir à la situation économique. La relation, d'inspiration keynésienne, entre le taux d'intérêt manié par la banque centrale et les variables économiques est appelée *fonction de réaction* [Benassy *et al.*, 1998].

La plus connue est la *règle de Taylor* [1993] qui relie le taux d'intérêt nominal à court terme (i) à l'écart entre l'inflation courante (p) et l'objectif d'inflation (p*), d'une part, et à l'écart entre le PIB effectif réel (y) et le PIB tendanciel (y*), d'autre part. L'*équation de Taylor* est de la forme : $i = i_n + 0{,}5\,(p - p^*) + 0{,}5\,(y - y^*)$, où i_n est le taux d'intérêt neutre. La politique monétaire est optimale si elle minimise ces deux séries d'écarts. Selon cette approche, si l'inflation excède son objectif, la banque centrale doit relever ses taux d'intérêt directeurs (*cf.* p. 93). Cette règle peut être utilisée pour évaluer la politique monétaire en comparant le taux d'intérêt courant de court terme avec le taux d'intérêt « optimal » calculé par l'équation de Taylor. C'est ainsi que Morin et Thibault [1998] ont montré que la politique monétaire menée par la Banque de France a été trop restrictive de 1990 à 1997 car le taux d'intérêt observé a été constamment supérieur au taux « optimal » dérivé de la règle de Taylor.

Un débat s'est instauré sur l'utilité des règles monétaires. Pour certains économistes, l'adhésion à une règle monétaire est un moyen d'amener la banque centrale à « rendre des comptes », car cela permet de vérifier si les décisions prises sont bien en rapport avec les objectifs poursuivis [Artus, Penot et Pollin, 1999]. Mais la définition d'une règle monétaire est délicate car celle-ci doit satisfaire deux objectifs contradictoires : décrire d'une manière fidèle et rigoureuse la stratégie de la banque centrale, mais être également assez simple pour être aisément communiquée et discutée. Dans les faits, la plupart des banques centrales ne se soumettent pas à des règles monétaires explicites, considérant que la politique monétaire doit garder un caractère discrétionnaire et pragmatique.

Assurer la stabilité du système bancaire et financier

La globalisation financière est allée de pair avec une montée de l'instabilité. La libéralisation financière fragilise les banques car celles-ci sont confrontées à de nouveaux risques (risques de marché) et sont désormais concurrencées par d'autres intermédiaires financiers (*cf.* p. 67). Dans ce contexte, la quasi-totalité des systèmes bancaires dans le monde — dans les pays développés comme dans les pays « émergents » — a subi des crises plus ou moins graves. Ainsi s'explique que le contrôle des systèmes bancaires et financiers soit devenu une préoccupation majeure des autorités monétaires [Scialom, 1999]. D'importants progrès ont été réalisés dans le domaine de la surveillance des banques (*cf. tableau 16*), notamment dans le cadre des travaux menés par le Comité de Bâle sur le contrôle bancaire créé en 1971 [Plihon, 1999b]. Des règles « prudentielles » normalisées, destinées à obliger les banques à se protéger contre les risques, ont été édictées. C'est le cas du *ratio Cooke*, ou ratio de solvabilité international, défini par le Comité de Bâle, qui a obligé les banques internationales à disposer, à partir de 1992, d'un montant de fonds propres (capital et réserves) au moins égal à 8 % de leurs risques, mesurés par une moyenne pondérée (selon le degré de risque) de leurs créances.

TABLEAU 16. OBJECTIFS ET INSTRUMENTS
DE LA RÉGLEMENTATION
ET DU CONTRÔLE DES BANQUES

Objectifs	*Instruments*
Organisation du marché et régulation de la concurrence (promotion de l'efficience systémique)	— agréments et radiations des banques — interdiction de « taux anormalement bas »
Protection des usagers (prévention des risques individuels)	— réglementation contre l'usure — règles concernant la tarification des chèques
Stabilité et sécurité du système bancaire (prévention du risque systémique)	— ratios prudentiels (solvabilité...) — interventions du prêteur en dernier ressort — assurance des dépôts

Trois raisons principales ont amené très tôt les autorités monétaires à superviser les banques. En premier lieu, les banques sont des entreprises très vulnérables dans la mesure où, par la nature même de leur activité, celles-ci sont amenées à s'exposer à des risques nombreux et importants. De plus, les difficultés d'une banque peuvent entraîner la défaillance en chaîne de nombreuses banques : c'est le *risque systémique*. En second lieu, les banques ont une place stratégique dans l'économie ; c'est en particulier leur fonction de gestionnaires des systèmes de paiement. Enfin, les banques jouent un rôle central dans les mécanismes de transmission de la politique monétaire (*cf.* p. 102) : un système bancaire sain est donc une condition d'efficacité de la politique monétaire.

Si les banques font l'objet d'une surveillance étroite, en revanche certains acteurs financiers échappent largement à toute forme organisée de contrôle : c'est le cas des fonds spéculatifs (*hedge funds*). Par ailleurs, les restructurations conduisent à la constitution de grands conglomérats financiers à cheval sur plusieurs métiers (banque, finance, assurance) et sur plusieurs continents, et qui sont mal contrôlés par des autorités de tutelle largement organisées sur une base nationale et sectorielle. Enfin, certains marchés qui sont une source majeure d'instabilité, tels que les marchés de produits dérivés de « gré à gré » (non organisés), ne sont soumis à aucune supervision. Contrôler ces acteurs et ces marchés constitue l'un des principaux défis auxquels seront confrontées les autorités monétaires au début des années deux mille.

Conclusion : Qu'est-ce que la monnaie ?

La nature de la monnaie est un sujet de débat entre les économistes. Le point de vue dominant est que la monnaie existe parce qu'elle permet de réduire le coût des échanges [Clower, 1969]. Dans une économie d'échange sans monnaie, fonctionnant selon le principe du troc, les agents économiques subissent des coûts de transaction importants. Il leur faut assurer non seulement la « double coïncidence » entre les désirs des échangistes, mais également établir pour chaque transaction les termes de l'échange mesurés par le rapport (valeur du bien i/valeur du bien j). Échanger un bien contre un autre bien comporte un risque important, celui d'acquérir un bien dont la valeur change à chaque nouvelle transaction.

C'est là qu'intervient l'innovation majeure que constitue la monnaie. Instrument d'échange accepté par tous parce qu'il inspire confiance et que sa valeur est stable, la monnaie est le seul bien qui peut être échangé à tout moment contre tous les autres biens. La monnaie favorise ainsi l'organisation du marché, comme lieu où sont centralisées les offres et les demandes. En l'absence de monnaie, le marché ne peut fonctionner efficacement.

Historiquement, le développement des échanges marchands est allé de pair avec l'émergence d'innovations monétaires : l'utilisation de plus en plus intensive des techniques de la monnaie scripturale par les marchands italiens et flamands à partir du XVIIIe siècle a favorisé l'émergence de l'économie de foires, qui est une des premières formes d'économie de marché.

Aujourd'hui, la majeure partie des flux monétaires a pour contrepartie des transactions financières. Des systèmes de paiement de plus en plus sophistiqués, fonctionnant selon des règles très exigeantes pour garantir la sécurité des règlements monétaires, constituent le cœur du fonctionnement des places financières modernes.

Le fait de considérer la monnaie uniquement comme un instrument destiné à faciliter les échanges va de pair avec l'idée — centrale dans la théorie néoclassique — de la neutralité de la monnaie. L'évolution de la monnaie en circulation affecte le niveau des prix mais n'a pas d'influence sur le reste de l'économie : il y a une « dichotomie » entre la monnaie et la sphère « réelle » de l'économie [Lavigne et Pollin, 1997].

La monnaie, au-delà de l'économie

Mais le rôle de la monnaie ne se réduit pas à une logique purement économique et financière. Selon une conception plus large faisant appel aux différentes sciences sociales (histoire, sociologie, anthropologie), la monnaie est considérée comme une *institution sociale*, façonnée par les différentes sociétés humaines [Cartelier, 1996]. La monnaie est destinée non seulement à faciliter les activités économiques mais également à réguler les relations sociales. Une illustration historique permet de comprendre cette dimension sociale de la monnaie : c'est le recensement censitaire pratiqué dans la Rome antique. L'évaluation monétaire de l'ensemble des individus y apparaît comme un dispositif destiné à définir les hiérarchies sociales et à marquer la distinction entre les citoyens et ceux qui ne le sont pas. Les considérations économiques ne sont pas centrales : le *census* apparaît comme une évaluation globale qui dépasse la seule estimation de la fortune [Aglietta et Orléan, 1998].

L'une des implications les plus importantes de cette conception est la reconnaissance de la nature duale de la monnaie [Aglietta, 1988]. D'un côté, la monnaie est un *bien privé* car elle est émise par les banques, entreprises privées mues par la recherche du profit. Mais, d'un autre côté, la monnaie est un *bien public* dans la mesure où elle rend des services de nature collective. Ces services sont indivisibles, au sens où nul ne peut en être exclu et où ceux-ci profitent à tous les membres de la communauté de paiement. La monnaie diffuse des externalités positives : sa valeur d'usage est d'autant plus grande qu'elle est utilisée par un nombre important d'agents.

Le fait que la monnaie soit un bien public implique que celle-ci ne peut être régulée par les seuls mécanismes de marché et doit être gérée par des autorités publiques, représentant l'intérêt de la collectivité. C'est le rôle des banques centrales, gardiennes de la stabilité monétaire.

La dimension sociale et politique de la monnaie

En tant que bien public et institution sociale, la monnaie renvoie à l'organisation politique de la société. L'histoire montre, en effet, que la monnaie entretient des relations étroites avec les formes successives prises par le pouvoir politique. Le pouvoir de « battre monnaie » est ainsi passé successivement des mains de l'aristocratie féodale à celles des monarques avant d'être exercé par la bourgeoisie et l'État républicain. Pendant longtemps, la frappe des monnaies a procuré des ressources aux souverains. Et, ce qui est plus important, la monnaie a été utilisée par le pouvoir politique comme un instrument d'intégration. L'histoire de France montre que notre pays a été politiquement unifié et s'est constitué en un véritable espace économique au moment où ont existé une monnaie et un système de paiement uniques sur l'ensemble du territoire. Car la monnaie renforce le développement pacifique des échanges marchands et elle constitue un élément de référence commun pour la communauté qui l'utilise.

L'euro apporte une illustration de ce que la monnaie est une institution politique et sociale. La monnaie européenne a été présentée par ses défenseurs comme une pièce maîtresse de la construction européenne. Selon le rapport de la Commission européenne au titre évocateur, *Marché unique, monnaie unique* (1990), la monnaie unique est nécessaire au fonctionnement du grand marché intérieur européen, institué par l'Acte unique (1987). On retrouve l'idée selon laquelle la monnaie donne sa cohérence au marché en homogénéisant l'espace des produits par un système de prix unifié.

L'euro apparaît également comme un vecteur d'intégration sociale en Europe. Son utilisation par l'ensemble des citoyens européens à partir de 2002 donne à ceux-ci un sentiment d'appartenance à une même société, avec ses règles et son langage communs. L'euro contribue à la création d'une identité européenne, permettant aux Européens de se différencier des sujets appartenant à d'autres communautés de paiement. L'expérience de l'euro illustre pleinement que la monnaie est un fait social et politique [Aglietta et Orléan, 2002]. Ces dimensions sociologiques et identitaires de l'euro ont été largement sous-estimées par les fondateurs de l'Union monétaire européenne [Théret, 1998]. Car ces derniers ont été inspirés par l'analyse monétaire dominante, fondée sur une vision réductrice de la monnaie, faisant de celle-ci uniquement un instrument économique et financier.

Ainsi s'explique pourquoi la construction européenne, découlant du traité de Maastricht, apparaît inachevée sur le plan politique : les pays de l'Union monétaire européenne ont institué un pouvoir monétaire unifié, concentré entre les mains de banquiers centraux indépendants, sans se doter d'un pouvoir politique de même échelle territoriale. Ce déséquilibre institutionnel est intenable à terme, car l'Union n'est pas véritablement dotée des attributs démocratiques nécessaires pour qu'on la reconnaisse souveraine, ne serait-ce que dans le domaine monétaire.

Repères bibliographiques

AGLIETTA M. (1988), « L'ambivalence de l'argent », *Revue française d'économie*.

AGLIETTA M. (2001), *Macroéconomie financière*, La Découverte, « Repères » n° 166.

AGLIETTA M. et ORLÉAN A. (sous la dir. de) (1998), *La Monnaie souveraine*, O. Jacob.

AGLIETTA M. et ORLÉAN A. (2002), *La Monnaie entre violence et confiance*, Odile Jacob.

AGLIETTA M. et SCIALOM L. (2002), « Les défis de la monnaie électronique pour les banques centrales », *Économies et Sociétés*, série « Monnaie », ME, n° 4.

ARMATTE M. (2003), « Tempête sur l'indice des prix », *La Recherche*, n° 13, hors-série.

ARTUS P., PENOT A. et POLLIN J.-P. (1999), « Quelle règle monétaire pour la Banque centrale européenne ? » *Revue d'économie politique*, vol. 109, n° 3.

BANQUE CENTRALE EUROPÉENNE (1998), *Rapport sur la monnaie électronique*.

BANQUE CENTRALE EUROPÉENNE (1999), « Le cadre opérationnel de la politique monétaire », *Bulletin mensuel*.

BANQUE CENTRALE EUROPÉENNE (1999), « Le rôle international de l'euro », *Bulletin mensuel*.

BANQUE CENTRALE EUROPÉENNE (2000), « Les deux piliers de la stratégie de politique monétaire de la BCE », *Bulletin mensuel*, novembre.

BANQUE DE FRANCE (1994), « Les marchés de produits dérivés en France », *Bulletin de la Banque de France*, n° 2.

BANQUE DE FRANCE (1998), *La Politique monétaire à l'heure du marché mondial des capitaux*.

BENASSY-QUÉRÉ A., BOONE L. et COUDERT V. (1998), *Les Taux d'intérêt*, La Découverte, « Repères » n° 251.

BENASSY-QUÉRÉ A., MOJON B. et SCHOR A.-D. (1998), *The International Role of the Euro*, document de travail, CEPII.

BENASSY-QUÉRÉ A., CŒURÉ B. (2002), *Économie de l'euro*, La Découverte, « Repères » n° 336.

BERNANKE B. et GERTLER M. (1995), « Inside the black box : the credit channel of monetary policy transmission », *Journal of Economic Perspectives*, vol. 9, n° 4.

BÉZIADE M. (1989), *La Monnaie et ses mécanismes*, La Découverte, « Repères » n° 70.

BORIO C. et LOWE P. (2002), « Asset prices, financial and monetary stability : exploring the nexus », *BIS Working Paper*, n° 114, juillet.

CARTELIER J. (1996), *La Monnaie*, Flammarion, « Dominos ».

CEPII (1995), « Que sait-on des taux de change d'équilibre à long terme ? » *La Lettre du CEPII*, n° 136, juin.

CLOWER R.J. (1969), « A reconsideration of the microfoundations of money », *Western Economic Journal*, vol. 6, n° 4.

COHEN B. (1998), *The Geography of Money*, Cornell University Press.

CONSEIL NATIONAL DU CRÉDIT (1996), *Bilan et perspectives des moyens de paiement en France*, rapport.

CRÉEL J. et STERDYNIAK H. (1999), « La politique monétaire sans monnaie », *Revue de l'OFCE*, n° 70.

EMERSON *et al.* (1990), « Marché unique, monnaie unique : une évaluation des avantages et des coûts potentiels de la création d'une union économique et monétaire », rapport, *Revue d'économie européenne*, n° 44.

EUROPEAN CENTRAL BANK (1998), *Report on Electronic Money*.

INSEE (2003), *L'Économie française, édition 2003-2004*, Livre de poche, « inédit économie ».

KEYNES J.M. (1936), *The General Theory of Employment, Interest and Money*, édition française, 1968, Payot.

KYDLAND F. et PRESCOTT E.C. (1977), « Rules rather than discretion : the inconsistency of optimal plans », *Journal of Political Economy*, vol. 85, n° 3.

LAVIGNE A. et POLLIN J.-P. (1997), *Les Théories de la monnaie*, La Découverte, « Repères » n° 226.

LELART M. (2003), *Le Système monétaire international*, La Découverte, « Repères » n° 97.

MARCHAL J. et POULON F. (1987), *Monnaie et crédit dans l'économie française*, Cujas.

MISHKIN F. (1996), « Les canaux de transmission de la politique monétaire : les leçons pour la politique monétaire », *Bulletin de la Banque de France*, n° 27.

MODIGLIANI F. (1971), « Monetary policy and consumption », *in Consumer Spending and Monetary Policy : the Lin-*

kages, Federal Bank of Boston, Boston.

MORIN P. et THIBAULT F. (1998), « Performance macroéconomique française et policy-mix : quelques interrogations sur les années quatre-vingt-dix », *Revue d'économie financière*, nº 45.

OLIVEIRA-MARTINS J. et PLIHON D. (1993), « Transferts internationaux d'épargne et intégration financière », *in L'Épargne*, ARTUS P., BISMUT C., et PLIHON D. (éds), PUF, « Économie ».

PLIHON D. (1996), « L'État et les marchés financiers », *in La Bourse*, La Documentation française, « Cahiers français » nº 277.

PLIHON D. (1997), « La politique monétaire et financière. Vers la crédibilité : indépendance et dépendances », *in La Nouvelle Politique économique*, PUF, « Major ».

PLIHON D. (1999a), *Les Banques, nouveaux enjeux, nouvelles stratégies*, La Documentation française, « Les Études » 2e éd.

PLIHON D. (1999b), « Les investisseurs institutionnels, nouveaux acteurs de la finance internationale », *in Crise mondiale et marchés financiers*, La Documentation française, « Cahiers français » nº 289.

PLIHON D. (2001), *Les Taux de change*, La Découverte, « Repères » nº 103, 3e éd.

ROGOFF K. (1985), « The optimal degree of committment to an intermediate monetary target », *Quarterly Journal of Economics*, vol. 100.

SCIALOM L. (1999), *Économie bancaire*, La Découverte, « Repères » nº 268.

TAYLOR J.B. (1993), « Discrection versus policy rules in practice », *Carnegie-Rochester Conference Series on Public Policy*, vol. 39.

THÉRET B. (1998), « Les dimensions sociopolitiques de la monnaie », *Revue du Marché commun et de l'Union européenne*, nº 422.

TOBIN J. (1969), « A general equilibrium approach to monetary policy », *Journal of Money, Credit and Banking*, nº 1.

Table

Introduction 3

I / La monnaie, instrument de paiement 6
1. Évolution des formes de la monnaie 6
La monnaie métallique 7
La monnaie de papier 8
La monnaie scripturale 10
2. Les moyens de paiement actuels : prédominance de la monnaie scripturale 12
Instruments de circulation de la monnaie scripturale 14
3. Le processus de création monétaire 18
Dans un système de banque unique 18
Dans un système bancaire diversifié 20
Circuits de la monnaie scripturale et systèmes de paiement 22
La monnaie « centrale » et le rôle de la banque centrale 23

II / La monnaie, actif de patrimoine, et ses substituts 25
1. La gestion de patrimoine 26
Singularité des actifs monétaires 27
La préférence pour la liquidité 28
Les trois motifs de la demande de monnaie 29
2. Les formes actuelles des actifs financiers liquides 30

Les actifs liquides non négociables 31
Les actifs liquides négociables 31
3. Monnaie et actifs financiers liquides : la délimitation des agrégats monétaires 33
4. La place de la monnaie dans l'ensemble des actifs financiers 35
Les nouveaux comportements de placement des ménages 36

III / La circulation de la monnaie 40
1. Le circuit simplifié de la monnaie 40
2. Les trois sources de la création monétaire 43
3. La vitesse de circulation de la monnaie 46
Les déterminants de la vitesse de circulation 47
Deux conceptions de la monnaie 50

IV / La monnaie et les banques au cœur de la finance moderne 52
1. Le passage à l'économie de marchés financiers libéralisée 52
Les réformes financières 54
2. Le développement des marchés de capitaux 55
Le marché monétaire 56
Marché hypothécaire et titrisation des créances ... 57
Le marché financier 58
3. L'évolution des situations et des comportements financiers 59
L'endettement intérieur total : un nouvel agrégat . 61
4. Les nouvelles formes d'intermédiation 63
Les nouvelles modalités de la création monétaire . 63
Le rôle des banques et des intermédiaires financiers 66

V / La dimension internationale des monnaies 68
1. Le marché des changes, un marché planétaire ... 68
Un marché interbancaire 69
2. L'essor rapide des marchés internationaux des capitaux 71
3. Les relations entre les monnaies à l'échelle internationale 73

La parité du pouvoir d'achat des monnaies 73
Arbitrages entre les monnaies et parités des taux d'intérêt 75
4. Les transformations du système monétaire international 78
Les fonctions du SMI 78
Les régimes de change 80
Vers un SMI polycentrique 82
La nouvelle « gouvernance » monétaire 84

VI / La politique monétaire 86
1. Les objectifs de la politique monétaire 87
Les objectifs intermédiaires 87
Les objectifs opérationnels 88
2. Les instruments de la politique monétaire 89
Les procédures de contrôle administratif et quantitatif 89
L'action sur la liquidité bancaire et les taux d'intérêt par les opérations de marché 91
L'action sur les taux de change 94
Les dévaluations sont-elles encore efficaces ? 96
3. Les canaux de transmission de la politique monétaire 97
Le canal des taux d'intérêt et des prix d'actifs 97
Les canaux du crédit 102
Le canal des anticipations et les effets d'annonce . 104
4. Les défis de la globalisation financière 105
L'adaptation aux innovations financières et technologiques 105
La recherche de crédibilité face aux marchés 108
Assurer la stabilité du système bancaire et financier 110

Conclusion : Qu'est-ce que la monnaie ? 113
La monnaie, au-delà de l'économie 114
La dimension sociale et politique de la monnaie 115

Repères bibliographiques 117

Collection

R E P È R E S

dirigée par
JEAN-PAUL PIRIOU (1946-2004)

avec BERNARD COLASSE, PASCAL COMBEMALE, FRANÇOISE DREYFUS, HERVÉ HAMON, DOMINIQUE MERLLIÉ, CHRISTOPHE PROCHASSON *et* MICHEL RAINELLI

Affaire Dreyfus (L'), n° 141, Vincent Duclert.
Aménagement du territoire (L'), n° 176, Nicole de Montricher.
Analyse financière de l'entreprise (L'), n° 153, Bernard Colasse.
Archives (Les), n° 324, Sophie Cœuré et Vincent Duclert.
Argumentation dans la communication (L'), n° 204, Philippe Breton.
Audit (L'), n° 383, Stéphanie Thiéry-Dubuisson.
Balance des paiements (La), n° 359, Marc Raffinot, Baptiste Venet.
Bibliothèques (Les), n° 247, Anne-Marie Bertrand.
Bourse (La), n° 317, Daniel Goyeau et Amine Tarazi.
Budget de l'État (Le), n° 33, Maurice Baslé.
Calcul des coûts dans les organisations (Le), n° 181, Pierre Mévellec.
Calcul économique (Le), n° 89, Bernard Walliser.
Capitalisme financier (Le), n° 356, Laurent Batsch.
Capitalisme historique (Le), n° 29, Immanuel Wallerstein.
Catégories socioprofessionnelles (Les), n° 62, Alain Desrosières et Laurent Thévenot.
Catholiques en France depuis 1815 (Les), n° 219, Denis Pelletier.
Chômage (Le), n° 22, Jacques Freyssinet.
Chronologie de la France au XXe siècle, n° 286, Catherine Fhima.
Collectivités locales (Les), n° 242, Jacques Hardy.
Commerce international (Le), n° 65, Michel Rainelli.
Comptabilité anglo-saxonne (La), n° 201, Peter Walton.
Comptabilité en perspective (La), n° 119, Michel Capron.
Comptabilité nationale (La), n° 57, Jean-Paul Piriou.
Concurrence imparfaite (La), n° 146, Jean Gabszewicz.
Conditions de travail (Les), n° 301, Michel Gollac et Serge Volkoff.
Consommation des Français (La) : **1.** n° 279 ; **2.** n° 280, Nicolas Herpin et Daniel Verger.
Constitutions françaises (Les), n° 184, Olivier Le Cour Grandmaison.
Construction européenne (La), n° 326, Guillaume Courty et Guillaume Devin.
Contrôle budgétaire (Le), n° 340, Nicolas Berland.
Contrôle de gestion (Le), n° 227, Alain Burlaud, Claude J. Simon.
Coût du travail et emploi, n° 241, Jérôme Gautié.
Critique de l'organisation du travail, n° 270, Thomas Coutrot.
Culture de masse en France (La) : 1. 1860-1930, n° 323, Dominique Kalifa.
Démocratisation de l'enseignement (La), n° 345, Pierre Merle.
Démographie (La), n° 105, Jacques Vallin.
Développement économique de l'Asie orientale (Le), n° 172, Éric Bouteiller et Michel Fouquin.
DOM-TOM (Les), n° 151, Gérard Belorgey et Geneviève Bertrand.
Droits de l'homme (Les), n° 333, Danièle Lochak.
Droit du travail (Le), n° 230, Michèle Bonnechère.
Droit international humanitaire (Le), n° 196, Patricia Buirette.
Droit pénal, n° 225, Cécile Barberger.
Économie bancaire, n° 268, Laurence Scialom.
Économie britannique depuis 1945 (L'), n° 111, Véronique Riches.
Économie chinoise (L'), n° 378, Françoise Lemoine.
Économie de l'Afrique (L'), n° 117, Philippe Hugon.
Économie de l'environnement, n° 252, Pierre Bontems et Gilles Rotillon.
Économie de l'euro, n° 336, Agnès Benassy-Quéré et Benoît Cœuré.
Économie française 2003 (L'), n° 357, OFCE.

Économie de l'innovation, nº 259, Dominique Guellec.
Économie de la connaissance (L'), nº 302, Dominique Foray.
Économie de la culture (L'), nº 192, Françoise Benhamou.
Économie de la distribution, nº 372, Marie-Laure Allain et Claire Chambolle.
Économie de la drogue (L'), nº 213, Pierre Kopp.
Économie de la presse, nº 283, Patrick Le Floch et Nathalie Sonnac.
Économie de la propriété intellectuelle, nº 375, François Lévêque et Yann Ménière.
Économie de la qualité, nº 390, Bénédicte Coestier et Stéphan Marette.
Économie de la réglementation (L'), nº 238, François Lévêque.
Économie de la RFA (L'), nº 77, Magali Demotes-Mainard.
Économie des États-Unis (L'), nº 341, Hélène Baudchon et Monique Fouet.
Économie des fusions et acquisitions, nº 362, Nathalie Coutinet et Dominique Sagot-Duvauroux.
Économie des inégalités (L'), nº 216, Thomas Piketty.
Économie des logiciels, nº 381, François Horn.
Économie des organisations (L'), nº 86, Claude Menard.
Économie des relations interentreprises (L'), nº 165, Bernard Baudry.
Économie des réseaux, nº 293, Nicolas Curien.
Économie des ressources humaines, nº 271, François Stankiewicz.
Économie du droit, nº 261, Thierry Kirat.
Économie du Japon (L'), nº 235, Évelyne Dourille-Feer.
Économie du sport (L'), nº 309, Jean-François Bourg et Jean-Jacques Gouguet.
Économie et écologie, nº 158, Frank-Dominique Vivien.
Économie informelle dans le tiers-monde, nº 155, Bruno Lantier.
Économie marxiste du capitalisme, nº 349, Gérard Duménil et Dominique Lévy.
Économie mondiale 2004 (L'), nº 371, CEPII.
Économie politique de l'entreprise, nº 392, François Eymard Duvernay.
Économie politique internationale, nº 367, Christian Chavagneux.
Économie postkeynésienne (L'), nº 384, Marc Lavoie.
Économie sociale (L'), nº 148, Claude Vienney.
Emploi en France (L'), nº 68, Dominique Gambier et Michel Vernières.
Employés (Les), nº 142, Alain Chenu.
Ergonomie (L'), nº 43, Maurice de Montmollin.
Éthique dans les entreprises (L'), nº 263, Samuel Mercier.
Éthique économique et sociale, nº 300, Christian Arnsperger et Philippe Van Parijs.
Étudiants (Les), nº 195, Olivier Galland et Marco Oberti.
Évaluation des politiques publiques (L'), nº 329, Bernard Perret.
Féminin-masculin, nº 389, Michèle Ferrand.
FMI (Le), nº 133, Patrick Lenain.
Fonction publique (La), nº 189, Luc Rouban.
Formation professionnelle continue (La), nº 28, Claude Dubar.
France face à la mondialisation (La), nº 248, Anton Brender.
France face aux marchés financiers (La), nº 385, Anton Brender.
Front populaire (Le), nº 342, Frédéric Monier.
Gestion financière des entreprises (La), nº 183, Christian Pierrat.
Gouvernance de l'entreprise (La), nº 358, Roland Perez.
Grandes économies européennes (Les), nº 256, Jacques Mazier.
Guerre froide (La), nº 351, Stanislas Jeannesson.
Histoire de l'administration, nº 177, Yves Thomas.
Histoire de l'Algérie coloniale, 1830-1954, nº 102, Benjamin Stora.
Histoire de l'Algérie depuis l'indépendance,
1. 1962-1988, nº 316, Benjamin Stora.
Histoire de l'Europe monétaire, nº 250, Jean-Pierre Patat.
Histoire du féminisme, nº 338, Michèle Riot-Sarcey.
Histoire de l'immigration, nº 327, Marie-Claude Blanc-Chaléard.

Histoire de l'URSS, nº 150, Sabine Dullin.
Histoire de la guerre d'Algérie, 1954-1962, nº 115, Benjamin Stora.
Histoire de la philosophie, nº 95, Christian Ruby.
Histoire de la société de l'information, nº 312, Armand Mattelart.
Histoire de la sociologie :
1. Avant 1918, nº 109,
2. Depuis 1918, nº 110, Charles-Henry Cuin et François Gresle.
Histoire de la Turquie contemporaine, nº 387, Hamit Bozarslan.
Histoire des États-Unis depuis 1945 (L'), nº 104, Jacques Portes.
Histoire des idées politiques en France au XIXe siècle, nº 243, Jérôme Grondeux.
Histoire des idées socialistes, nº 223, Noëlline Castagnez.
Histoire des théories de l'argumentation, nº 292, Philippe Breton et Gilles Gauthier.
Histoire des théories de la communication, nº 174, Armand et Michèle Mattelart.
Histoire du Maroc depuis l'indépendance, nº 346, Pierre Vermeren.
Histoire du Parti communiste français, nº 269, Yves Santamaria.
Histoire du parti socialiste, nº 222, Jacques Kergoat.
Histoire du radicalisme, nº 139, Gérard Baal.
Histoire du travail des femmes, nº 284, Françoise Battagliola.
Histoire politique de la IIIe République, nº 272, Gilles Candar.
Histoire politique de la IVe République, nº 299, Éric Duhamel.
Histoire sociale du cinéma français, nº 305, Yann Darré.
Incertitude dans les théories économiques, nº 379, Nathalie Moureau et Dorothée Rivaud-Danset.
Industrie française (L'), nº 85, Michel Husson et Norbert Holcblat.
Inflation et désinflation, nº 48, Pierre Bezbakh.
Insécurité en France (L'), nº 353, Philippe Robert.
Introduction à Keynes, nº 258, Pascal Combemale.
Introduction à l'économie de Marx, nº 114, Pierre Salama et Tran Hai Hac.
Introduction à l'histoire de la France au XXe siècle, nº 285, Christophe Prochasson.
Introduction à la comptabilité d'entreprise, nº 191, Michel Capron et Michèle Lacombe-Saboly.
Introduction à la macroéconomie, nº 344, Anne Épaulard et Aude Pommeret.
Introduction à la microéconomie, nº 106, Gilles Rotillon.
Introduction à la philosophie politique, nº 197, Christian Ruby.
Introduction au droit, nº 156, Michèle Bonnechère.
Introduction aux *Cultural Studies*, nº 363, Armand Mattelart et Érik Neveu.
Introduction aux sciences de la communication, nº 245, Daniel Bougnoux.
Introduction aux théories économiques, nº 262, Françoise Dubœuf.
Investisseurs institutionnels (Les), nº 388, Aurélie Boubel et Fabrice Pansard.
Islam (L'), nº 82, Anne-Marie Delcambre.
Jeunes (Les), nº 27, Olivier Galland.
Jeunes et l'emploi (Les), nº 365, Florence Lefresne.
Judaïsme (Le), nº 203, Régine Azria.
Lexique de sciences économiques et sociales, nº 202, Jean-Paul Piriou.
Libéralisme de Hayek (Le), nº 310, Gilles Dostaler.
Macroéconomie. Investissement (L'), nº 278, Patrick Villieu.
Macroéconomie. Consommation et épargne, nº 215, Patrick Villieu.
Macroéconomie financière :
1. **Finance, croissance et cycles**, nº 307,
2. **Crises financières et régulation monétaire**, nº 308, Michel Aglietta.
Management de projet (Le), nº 377, Gilles Garel.
Management de la qualité (Le), nº 315, Michel Weill.
Management international (Le), nº 237, Isabelle Huault.

Marchés du travail en Europe (Les), n° 291, IRES.
Mathématiques des modèles dynamiques, n° 325, Sophie Jallais.
Médias en France (Les), n° 374, Jean-Marie Charon.
Méthode en sociologie (La), n° 194, Jean-Claude Combessie.
Méthodes de l'intervention psychosociologique (Les), n° 347, Gérard Mendel et Jean-Luc Prades.
Méthodes en sociologie (Les) : l'observation, n° 234, Henri Peretz.
Métiers de l'hôpital (Les), n° 218, Christian Chevandier.
Microéconomie des marchés du travail, n° 354, Pierre Cahuc, André Zylberberg.
Mobilité sociale (La), n° 99, Dominique Merllié et Jean Prévot.
Modèles productifs (Les), n° 298, Robert Boyer et Michel Freyssenet.
Modernisation des entreprises (La), n° 152, Danièle Linhart.
Mondialisation de la culture (La), n° 260, Jean-Pierre Warnier.
Mondialisation de l'économie (La) :
1. Genèse, n° 198,
2. Problèmes, n° 199, Jacques Adda.
Mondialisation et l'emploi (La), n° 343, Jean-Marie Cardebat.
Monnaie et ses mécanismes (La), n° 295, Dominique Plihon.
Multinationales globales (Les), n° 187, Wladimir Andreff.
Notion de culture dans les sciences sociales (La), n° 205, Denys Cuche.
Nouveau capitalisme (Le), n° 370, Dominique Plihon.
Nouveau système français de protection sociale (Le), n° 382, Jean-Claude Barbier et Bruno Théret.
Nouvelle constitution européenne (La), n° 380, Jacques Ziller.
Nouvelle économie (La), n° 303, Patrick Artus.
Nouvelle économie chinoise (La), n° 144, Françoise Lemoine.
Nouvelle histoire économique de la France contemporaine :
1. L'économie préindustrielle (1750-1840), n° 125, Jean-Pierre Daviet.
2. L'industrialisation (1830-1914), n° 78, Patrick Verley.
3. L'économie libérale à l'épreuve (1914-1948), n° 232, Alain Leménorel.
4. L'économie ouverte (1948-1990), n° 79, André Gueslin.
Nouvelle microéconomie (La), n° 126, Pierre Cahuc.
Nouvelle théorie du commerce international (La), n° 211, Michel Rainelli.
Nouvelles théories de la croissance (Les), n° 161, Dominique Guellec et Pierre Ralle.
Nouvelles théories du marché du travail (Les), n° 107, Anne Perrot.
ONG (Les), n° 386, Philippe Ryfman.
ONU (L'), n° 145, Maurice Bertrand.
Organisation mondiale du commerce (L'), n° 193, Michel Rainelli.
Outils de la décision stratégique (Les) :
1 : Avant 1980, n° 162,
2 : Depuis 1980, n° 163, José Allouche et Géraldine Schmidt.
Personnes âgées (Les), n° 224, Pascal Pochet.
Philosophie de Marx (La), n° 124, Étienne Balibar.
Pierre Mendès France, n° 157, Jean-Louis Rizzo.
Politique de la concurrence (La), n° 339, Emmanuel Combe.
Politique de la famille (La), n° 352, Jacques Commaille, Pierre Strobel et Michel Villac.
Politiques de l'emploi et du marché du travail (Les), n° 373, DARES.
Politique étrangère de la France depuis 1945 (La), n° 217, Frédéric Bozo.
Politique financière de l'entreprise (La), n° 183, Christian Pierrat.
Population française (La), n° 75, Jacques Vallin.
Population mondiale (La), n° 45, Jacques Vallin.
Postcommunisme en Europe (Le), n° 266, François Bafoil.
Presse des jeunes (La), n° 334, Jean-Marie Charon.
Presse magazine (La), n° 264, Jean-Marie Charon.
Presse quotidienne (La), n° 188, Jean-Marie Charon.
Protection sociale (La), n° 72, Numa Murard.
Protectionnisme (Le), n° 322, Bernard Guillochon.
Protestants en France depuis 1789 (Les), n° 273, Rémi Fabre.
Psychanalyse (La), n° 168, Catherine Desprats-Péquignot.

Quel avenir pour nos retraites ?, n° 289, Gaël Dupont et Henri Sterdyniak.
Question nationale au XIXe siècle (La), n° 214, Patrick Cabanel.
Régime de Vichy (Le), n° 206, Marc Olivier Baruch.
Régime politique de la Ve République (Le), n° 253, Bastien François.
Régimes politiques (Les), n° 244, Arlette Heymann-Doat.
Régionalisation de l'économie mondiale (La), n° 288, Jean-Marc Siroën.
Revenu minimum garanti (Le), n° 98, Chantal Euzéby.
Revenus en France (Les), n° 69, Yves Chassard et Pierre Concialdi.
Santé des Français (La), n° 330, Haut comité de la santé publique.
Sciences de l'éducation (Les), n° 129, Éric Plaisance et Gérard Vergnaud.
Sexualité en France (La), n° 221, Maryse Jaspard.
Société du risque (La), n° 321, Patrick Peretti Watel.
Socio-économie des services, n° 369, Jean Gadrey.
Sociologie de Durkheim (La), n° 154, Philippe Steiner.
Sociologie de Georg Simmel (La), n° 311, Frédéric Vandenberghe.
Sociologie de l'architecture, n° 314, Florent Champy.
Sociologie de l'art, n° 328, Nathalie Heinich.
Sociologie de l'éducation, n° 169, Marlaine Cacouault et Françoise Œuvrard.
Sociologie de l'emploi, n° 132, Margaret Maruani et Emmanuèle Reynaud.
Sociologie de l'immigration, n° 364, Andrea Rea et Maryse Tripier.
Sociologie de l'organisation sportive, n° 281, William Gasparini.
Sociologie de la bourgeoisie, n° 294, Michel Pinçon et Monique Pinçon-Charlot.
Sociologie de la consommation, n° 319, Nicolas Herpin.
Sociologie de la lecture, n° 376, Chantal Horellou-Lafarge et Monique Segré.
Sociologie de la négociation, n° 350, Reynald Bourque et Christian Thuderoz.
Sociologie de la prison, n° 318, Philippe Combessie.
Sociologie de Marx (La), n° 173, Jean-Pierre Durand.
Sociologie de Norbert Elias (La), n° 233, Nathalie Heinich.
Sociologie des cadres, n° 290, Paul Bouffartigue et Charles Gadea.
Sociologie des entreprises, n° 210, Christian Thuderoz.
Sociologie des mouvements sociaux, n° 207, Erik Neveu.
Sociologie des organisations, n° 249, Lusin Bagla.
Sociologie des publics, n° 366, Jean-Pierre Esquenazi.
Sociologie des relations internationales, n° 335, Guillaume Devin.
Sociologie des relations professionnelles, n° 186, Michel Lallement.
Sociologie des syndicats, n° 304, Dominqiue Andolfatto et Dominique Labbé.
Sociologie du chômage (La), n° 179, Didier Demazière.
Sociologie du conseil en management, n° 368, Michel Villette.
Sociologie du droit, n° 282, Évelyne Séverin.
Sociologie du journalisme, n° 313, Erik Neveu.
Sociologie du sida, n° 355, Claude Thiaudière.
Sociologie du sport, n° 164, Jacques Defrance.
Sociologie du travail (La), n° 257, Sabine Erbès-Seguin.
Sociologie économique (La), n° 274, Philippe Steiner.
Sociologie historique du politique, n° 209, Yves Déloye.
Sociologie de la ville, n° 331, Yankel Fijalkow.
Sociologie et anthropologie de Marcel Mauss, n° 360, Camille Tarot.
Sondages d'opinion (Les), n° 38, Hélène Meynaud et Denis Duclos.
Stratégies des ressources humaines (Les), n° 137, Bernard Gazier.
Syndicalisme en France depuis 1945 (Le), n° 143, René Mouriaux.
Syndicalisme enseignant (Le), n° 212, Bertrand Geay.
Système éducatif (Le), n° 131, Maria Vasconcellos.
Système monétaire international (Le), n° 97, Michel Lelart.

Taux de change (Les), n° 103, Dominique Plihon.
Taux d'intérêt (Les), n° 251, A. Bénassy-Quéré, L. Boone et V. Coudert.
Taxe Tobin (La), n° 337, Yves Jegourel.
Tests d'intelligence (Les), n° 229, Michel Huteau et Jacques Lautrey.
Théorie de la décision (La), n° 120, Robert Kast.
Théories économiques du développement (Les), n° 108, Elsa Assidon.
Théorie économique néoclassique (La) :
1. Microéconomie, n° 275,
2. Macroéconomie, n° 276,
Bernard Guerrien.
Théories de la monnaie (Les), n° 226, Anne Lavigne et Jean-Paul Pollin.
Théories des crises économiques (Les), n° 56, Bernard Rosier et Pierre Dockès.
Théories du salaire (Les), n° 138, Bénédicte Reynaud.
Théories sociologiques de la famille (Les), n° 236, Catherine Cicchelli-Pugeault et Vincenzo Cicchelli.
Travail des enfants dans le monde (Le), n° 265, Bénédicte Manier.
Travail et emploi des femmes, n° 287, Margaret Maruani.
Travailleurs sociaux (Les), n° 23, Jacques Ion et Bertrand Ravon.
Union européenne (L'), n° 170, Jacques Léonard et Christian Hen.
Urbanisme (L'), n° 96, Jean-François Tribillon.

Dictionnaires

R E P È R E S

Dictionnaire de gestion, Élie Cohen.
Dictionnaire d'analyse économique, *microéconomie, macroéconomie, théorie des jeux, etc.*, Bernard Guerrien.

Guides

R E P È R E S

L'art de la thèse, *Comment préparer et rédiger une thèse de doctorat, un mémoire de DEA ou de maîtrise ou tout autre travail universitaire*, Michel Beaud.
Les ficelles du métier. *Comment conduire sa recherche en sciences sociales*, Howard S. Becker.
Guide des méthodes de l'archéologie, Jean-Paul Demoule, François Giligny, Anne Lehoërff, Alain Schnapp.
Guide du stage en entreprise, Michel Villette.
Guide de l'enquête de terrain, Stéphane Beaud, Florence Weber.
Manuel de journalisme. *Écrire pour le journal*, Yves Agnès.
Voir, comprendre, analyser les images, Laurent Gervereau.

Manuels

R E P È R E S

Analyse macroéconomique 1.
Analyse macroéconomique 2.
17 auteurs sous la direction de Jean-Olivier Hairault.
Une histoire de la comptabilité nationale, André Vanoli.

Composition Facompo, Lisieux (Calvados)
Achevé d'imprimer en juin 2004 sur les presses de l'imprimerie Campin à Tournai (Belgique)
Dépôt légal : juillet 2004.

Imprimé en Belgique